再考 三木清

現代への問いとして

田中久文
藤田正勝 編
室井美千博

昭和堂

はじめに――困難な時代への問いとしての三木清

田中久文

近代日本を代表する哲学者の一人である三木清の業績は、近年ますます注目を集めつつある。三木の「構想力」の哲学が説く人間のイマジネーションの力への注目は、仮想現実に覆われつつある現代にどのような示唆を与えうるのか、三木が構築した「技術哲学」は、今日の生命操作技術やＡＩの急速な進歩、深刻化する地球環境問題などにどこまで有効なのか、戦時下での三木の抵抗の姿勢と歴史への透徹したまなざしは、戦後民主主義の風化が叫ばれて久しい日本に対してどのような批判となりうるのか。三木の投げかけた問いは、今や一層の切実さをもって私たちに迫ってくる。

三木の哲学の底を流れるのは、現実社会のただ中で「哲学」そのもののあり方を根本から考え直そうとする一貫した強い意志であった。それを三木は、恩師西田幾多郎の哲学との苦闘のなかで実行しようとしたのである。

本書は、そうした三木の哲学の顕彰のために設立された三木清研究会が、三木の生地兵庫県たつの市（旧龍野市）の霞城館で毎年行っている講演の内容を基にした論文を集めたものである。三木清研究会は、三木が学んだ龍野中学の後身龍野高校で長年教鞭を執られていた室井美千博事務局長が中心となって地道な活動を展開しているが、なかでも年に一度、三木の研究者による講演会を行っている。その講演会が本年（二〇一九年）で二十回目の節目を迎えたことを記念して本論文集が企画されたのである（三木清研究会についての詳細は「あとがき」を参照）。基となった講演は一般市民を対象としたものであるため、どの論文も一般読者にも興味を抱かせる魅力的なものであるとともに、研究論文としてみても先端の研究結果を踏まえた充実したものとなっている。

以下において各論文の要旨を紹介しながら、三木哲学の論点を確認していきたい。三木の哲学自体が広範囲に渉ることを反映して、本論文集に寄せられた論文も多様な視点から三木を分析している。

巻頭論文として、藤田正勝氏「三木清の問い――その思索の跡をたどる」を掲げた。三木哲学をバランスよく概観したものであり、三木哲学に馴染みのないものでも、これによって三木哲学の周到な見取り図を得ることになるであろう。特に、この論文では西田哲学との対比が柱となっている。西田の「純粋経験」と三木の「基礎経験」との関係、「形」や技術をめぐる両者の相違などが興味深い。最後に藤田氏は、「西田哲学と根本的に対質するのでなければ将来の日本の新しい哲学は生れてくることができない」という三木の最晩年の言葉に注目し、獄死によって果たせなかったその思いこそ「現代に残された課題」であると結んでいる。

「第Ⅰ部　三木哲学の基本的性格――その背景と特徴」では、多様な側面をもつ三木の哲学とは、どのような風土から生まれ、どのような基本的性格をもったものなのかを考えてみる。

永野基綱氏「三木清、時代の夢」は、時代の激しい変化を背景にしながら、生地龍野の風土が三木の思想形成に与えた影響について論じている。

三木の生家は、祖父の代に産をなした新興寄生地主であった。しかし、播磨地方は全国有数の小作争議の多発地帯だったこともあり、そうした環境が三木に「原罪意識と不安」をもたらすことになったという。

龍野中学での三木の一級上には、鹿島建設の会長となる鹿島守之助、同級には戦艦比叡の艦長となる西田正雄など実社会で活躍する者が多かった。しかし、三木は「時代に対する何となくの〈違和感〉」から、「商売人と軍人」にはなるまいと決心する。三木はみずからを「農民の子」と規定するが、しかし農村共同体への憧れはなく、むしろ「郷土を民族にまで拡張する」有機体社会を一貫して批判する。そこに三木の深い矛盾がみられるといえよう。

では、永野氏の分析したような形で形成された三木の哲学を貫く基本的性格はどのようなものであろうか。それに関するいくつかの論文が続く。

故濱田義文氏「市民哲学者としての三木清」は、三木清を「市民哲学者」の先駆と規定する。まず、濱田氏は三木がみずからの時代を「危機」の時代と認識していたことに注目する。その場合、「危機」とは単に消極的な概念ではなく、未来に向かって「現状の根本的打開を迫る」ものだという。三木の言葉を使えば、「危機こそ思想の富を作るもの」なのである。

そこから濱田氏は、三木のジャーナリスチックな活動を副次的なものとみてはならないとする。それは、社会への積極的な働きかけであり、そこにあるのは、「鋭敏な現実感覚」、「非合理主義への反対」、「公平な批評精神」等に基づく「先駆的な市民哲学者」としての姿であるという。

平子友長氏「哲学の外に出る哲学の可能性の探求——三木清を切り口として」は、三木哲学を「哲学の外に出る哲学」と規定する。

平子氏によれば、「哲学の外に出る哲学」とは、一つには、哲学の外部にある日常的な諸問題に密着し、現実と理論との往復運動を繰り返す哲学のことであり、もう一つには、哲学の外部に宗教を持ちながら、しかも宗教的問いに対して宗教に代わって究極的解答を出すことに禁欲的な哲学のことであるという。

三木がマルクス主義に積極的に関わるようになったのも、マルクスもまた「哲学の外に出る哲学」を構想していたと考えたからだという。そのきっかけは、一九二六年のリャザノフ版『ドイツ・イデオロギー』の刊行によって、まったく新たなマルクス像が浮かび上がってきたことによる。それは、あらゆる理論について、それが流通している時代・場所における社会的実践の脈絡のなかに位置づけようとする「独特のタイプの歴史的存在論」としてマルクスの哲学をとらえようとするものである。平子氏によれば、「三木のマルクス理解はマルクス・レーニン主義者のそれよりもマルクス本人の思想を正しく理解していた」といえるものであるが、しかし、「歴史的限定を越えて普遍的に妥当する「科学的真理」の体現者として自己規定していた当時のマルクス・レーニン主義とは基本的には相容れないものであったという。

「第Ⅱ部　三木哲学の展開――「中間者」・「構想力」・「形」」では、三木哲学における重要な概念を分析することによって三木哲学をより深く掘り下げた論文を集めた。

宮島光志氏「「中間者の哲学」という課題――三木清と「環境」の問題」は、「中間者」と「環境」という両方の意味をもった"milieu"というフランス語が三木において重要な概念であることに注目している。『パスカルに於ける人間の研究』（一九二六年）では、"milieu"は「中間者」という意味をもち、そこから「生の交渉」という概念も生まれる。さらに『歴史哲学』（一九三二年）では、「事実としての歴史」という観点から、"milieu"は「環境」という概念と結びついていく。その後、「環境」は動態的な現実の「情勢」や「危機」という意味を含み込んでいくという。

清眞人氏「三木パトス論の問題構造」は、三木哲学の最も重要な概念である「構想力」というものを広い視野から分析している。

清氏によれば、三木哲学の特徴は、「われわれが「今とここ」で直面している切実な問題の具体相をとおして展開」されることにあるという。そうした三木が問題にしたのは、日常性の観念を引き裂く「新しいリアリティの問題」としての「不安」ということであった。それは、人間の「構想力」が生み出した病ともいえるものであり、今や二一世紀の世界全体が直面している問題であるとする。

三木はそうした病理を乗り越えるべく、「ネオヒューマニズム」として「行為的人間の新しいタイプ」の樹立を提唱した。それはニーチェやサルトルの試みとも共通したものであるという。三木は、ニーチェ的ニヒリズムを「東洋的無」の観点から捉え直し、人々の「構想力」のエネルギーを新たな社会ヴィジョンの造形に向かわせようとしたのだと清氏は考える。ただし、三木にはその実現のための戦略が欠けており、自己の哲学を充分展開させることなく終わってしまったとする。

秋富克哉氏「「形」の哲学――アリストテレスと西田の間で」は、三木の「形」の哲学に注目し、アリストテレスとの関係のなかで、西田哲学との比較を行っている。

秋富氏によれば、西田も三木もアリストテレスから大きな影響を受けている。西田の「場所」論や「ポイエシス」論は、その着想の一端をアリストテレスの「トポス」論から得ているし、三木もアリストテレスから自然と技術の類比という考え方を受け継いでいる。

さらに、両者ともアリストテレスから刺激を受けながら、「形」というものを「形なき形」との関係において論じている。ただし、三木は西田のいう「絶対無の場所」という概念を使わずに、「無からの創造」という概念を説いており、そこから両者の「形」に対する違いも生まれてくるという。西田が「場所」論の立場から、「自己が自らを無にして形なきものに成り切ったところ、そこから形が生み出される」と考えたのに対して、三木は、「相互に対立するものを統一する力として、「形なき」ものに対して新しい「形」を創造するもの」として「構想力」を説いた。

なお、秋富氏は三木がアリストテレスから学んだ技術の「階層構造」という考え方にも注目し、そこにみられる「人間の知や行為をすべて技術という観点から統一的に見る着想」は、現在でも意義があるとしている。ただし、その技術が「虚無を産み出すものとなっている」今日的状況をどうとらえるかという問題は私たちに与えられた新たな課題であるという。

森下直貴氏「三木は「西田哲学」を超えることができたか――コミュニケーションの《構造化》という視点」は、秋富氏と同様に三木の「形」の哲学に注目したものであるが、西田の「形」の哲学をどう超えるかという観点から、三木哲学の新たな可能性を探ろうとしている。

森下氏によれば、西田哲学は「身体」による「制作（ポイエシス）」を軸とする「歴史的実在」の論理であるが、今日「身体」を超えたデジタル化が進むなかで、西田哲学も超える必要が出てきたという。その際、森下氏は、「コミュニケーションの《構造化》」という概念を提示する。氏によれば、コミュニケーションを方向づけ維持するのは一定不変の関係＝〈型（パターン）〉ではなく、コミュニケーションを連関づける「働き」であり、その意味で〈構造〉ではなく、《構造化》であるという。そして、三木の「形」の哲学にはこの《構造化》という方向の萌芽がみえると森下氏はいう。ただし、三木は「形」を実体概念と関係概念との弁証法的統一としてとらえているだけであって、それでは不十分であるとする。

三木は「人間」というものに、とりわけこだわった哲学者である。そこから新たなヒューマニズムの提唱や哲学的人間学の探究、あるいは人生論の試みなどが行われた。「第Ⅲ部　人間へのまなざし――ヒューマニズムと哲学的人間学」は、そうした問題を扱った論文を集めたものである。

嘉指信雄氏「〝ヒューマニズム〟とホモ・デウスの行方――パトス・技術・フィクション」は、三木の説いた「ヒューマニズム」の内容とその現代的可能性について論じたものである。『新版　現代哲学辞典』（一九四一年）の「ヒューマニズム」の項目で、三木は現代に要請されるヒューマニズムの特色として、桎梏からの解放、行為による自己形成、新しい形の形成、技術の概念との結合等をあげ、その根底にある「構想力」の重要性を強調している。

嘉指氏は、そうした三木の「ヒューマニズム」がY・N・ハラリの『ホモ・デウス』（二〇一八年）が説く〝humanism〟と多くの共通性をもっているとする。『ホモ・デウス』では、「テクノロジーとサピエンスの未来」として、AI（人工知能）などがもたらす人間の危機を踏まえて、「人間の想像力が生み出す、価値や理想を含む、広い意味でのフィクションこそが、客観的現実と融合しつつ、歴史的世界を方向づけて行く」というビジョンを提起している。それは三木のめざした方向と軌を一にするものであり、「ポスト・ヒューマニズム」が唱えられるなかでの「批判的ヒューマニズム」の試みといえるものだと嘉指氏は述べている。

菅原潤氏「二つの『哲学的人間学』の行方――三木清と高山岩男」は、三木の「哲学的人間学」を、特に「民族」概念との関係に注目しながら、高山岩男のそれとの比較を通して分析している。

三木は、『パスカルに於ける人間の研究』において、すでに「人間」という問題に関心を示していたし、その後論文「人間学のマルクス的形態」（一九二七年）においても、「第一次のロゴス」として「アントロポロギー」というものを考えている。さらに論文「イデオロギーとパトロギー」（一九三三年）では、動物と変わらない人間の生を扱う第一次の「人間学」に対して、生と芸術・哲学との間にあって、「生そのもの」ではなく「生の表現」を扱う、もう一つの「人間学」を提唱する。そこでは、「社会」というものが問題となり、そこから「社会的身体」という概念が登場し、「民族」の問題とも結びついていく。ただし、三木の考える「民族」とは「東亜民族」といった国際的な広がりをもったものであると菅原氏はいう。

一方、高山の『哲学的人間学』（一九三八年）は、菅原氏によれば、田辺の論理至上主義的な「種の論理」の構想に人間学的な肉づけをしたものであり、そこでも「民族」というものが問題となっている。ただし、高山はそれを「労働」というものの分析を通して論じているが、その点、マルクス主義に近づいた三木にそうした視点が欠けていたことを菅原氏は指摘している。

岸見一郎氏「幸福について――『人生論ノート』を読む」は、三木の著作としては最も人口に膾炙している『人生論ノート』について論じている。

なかでも、岸見氏が取り上げているのは、「幸福について」である。三木は幸福と成功とは違うという。成功は進歩を前提としているが、幸福には進歩はない。また成功が過程に関わるのに対して、幸福は存在に関わる。成功が一般的なものであるのに対して、幸福は「各人にオリジナルなもの」である。

三木によれば、古代ギリシア以来、「幸福の要求はすべての行為の動機」と考えられてきたが、「今日の人間は幸福について殆ど考えない」ようになり、「良心の義務と幸福の要求とを対立的に考える」ようになっているという。岸見氏は、この場合の「良心の義務」とは「滅私奉公」や「自己犠牲の奨励」を意味していると解釈する。事実、三木は「社会、階級、人類、等々、あらゆるものの名において人間的な幸福の要求が抹殺されようとしている」と述べている。

したがって、幸福になるには「時には人々の期待に反して行動する勇気をもたねばならぬ」と岸見氏はいう。それは共同体に背くことであるが、孤独を経由しなければ真の結びつきも作れない。このような、ありのままに自分を受け入れるためには、多様な人々が共生する社会、三木のいう「混合の弁証法」による社会でなければならないと岸見氏は述べている。

「第Ⅳ部　時代との対話——戦時評論をめぐって」は、時局に三木がどのように対応したかを分析した論文を集めたものである。言論の抑圧されているなかで、三木の戦時評論の真意がどこにあったのかを見極めることは難しい。ここでも、論者によって解釈はさまざまに分かれている。

内田弘氏「戦時日本における三木清の技術哲学」は、三木の戦時評論を「戦時レトリック」によるものとする。自己の主張を直截に語ることができなかった当時、三木が反戦の論陣を張る際に用いた手法を、内田氏は「戦時レトリック」とよぶ。それは、表面的には権力の主張に順応しながらも、それを実現するための条件のなかに自己の主張を含ませることによって、結局は権力の主張そのものを破壊しようとするものであるという。

そうした観点から内田氏は、三木の技術哲学に注目する。三木は戦勝のための科学技術の必要性を認め、そうした科学技術への社会技術＝政治の干渉を認め、さらにはそれら全てへの統制をも認める。しかし、三木の真意は、そうした統制によって戦争を終結させ、自由な社会を実現することにあったのだと内田氏は主張する。

鈴木正氏「三木清の協力的抵抗の本心——「東亜協同体」論をめぐって」は、三木が戦中に説いた「東亜協同体」論の真意を尾崎秀美との比較のなかで探ろうとするものである。

鈴木氏によれば、三木の「東亜協同体論」とは、「自国中心の民族主義を超えるとともに、自由主義の帰結するであろうところの抽象的な世界主義をも同時に超克するアジア連帯の思想」を説くものであったという。

それに対して、同じく「東亜協同体」を説きながらも、尾崎は「日本経済のために中国を帝国主義的進出の対象とみて、植民地的地位に留めおこうとする考え方とは異なった理念に立つもの」でなければならないと主張した。そこから、尾崎は「中国の求心的統一的な動向」としての民族運動に注目する。そして、こうした民族の抵抗ということに注意しないかぎり、「東亜協同体」の「客観的基礎＝理念の現実性」は見えてこないとする。

ただし、三木の「東亜協同体」論を「帝国の形而上学」として単純に批判する議論に対しては、「三木の協力的抵抗と苦悩と受難がよめていない」と鈴木氏は批判する。鈴木氏によれば、「東亜協同体」論において、尾崎が中国の民族運動に焦点を当てたのに対して、三木はその文化運動、すなわちそれによる東洋文化の復興ということに関心をもっていたという。そして、軍事力ではなく文化の力に注目するとき、必然的にその中心として中国が浮上してくるはずだと鈴木氏はいう。それは、三木が「覇道」ではなく「王道」に基づく中国の「天下思想」に深い興味を示していたことにも表れているとする。

吉田傑俊氏「三木清の反ファシズム論」は、内田氏や鈴木氏の議論に対して、三木の戦時評論にむしろ明確な戦争批判を読み取ろうとする。

久野収は、三木の戦時評論について、それが戦争の「意味転換」をはかりながら、結局は「敗北」していく過程ととらえ、「著者ほどの才能をもってしても、どうすることもできなかった」としている。しかし、吉田氏はこうした久野の見方を批判する。三木の戦時評論は、戦争を前提にした「意味づけ」ではなく、戦争阻止のための「批判」であったとし、また「敗北」ということも、それが将来にどのような意義をもっているかを見極めなければ決められないとしている。

吉田氏によれば、三木が一貫してめざしたものは、「人間存在」を基礎としたヒューマニズム、自由主義であり、反ファシズムであったという。たしかに三木は、「東洋の統一」を説いたが、それが「東洋における日本の制覇というごとき帝国主義的概念」であってはならないとし、しかもそれは東洋の資本主義的統一ではなく、「資本主義の解決」によるものでなければならないとしている。三木が説いたのは、「帝国主義的戦争への途を合理化し「意味」づける「近代の超克」論ではなく、戦争の根源とその解決を明示する「近代の止揚」論であった」というのだ。

平子友長氏「三木清と日本のフィリピン占領」は、三木のフィリピン体験に三木哲学の大きな転換をみようとするものである。

三木は一九四二年、陸軍宣伝班員として一〇ヵ月間マニラに滞在した。平子氏によれば、当時の現地の日本の軍政監部は国際経験豊富なエリートたちであり、宥和的な統治政策を実施しようとする者が多く、その結果東条政府・本土参謀本部との間でフィリピン統治をめぐって確執が生じていたという。そのため、本土に対しては政府の遂行する「大東亜共栄圏」構想と自分たちの宥和政策とが矛盾するものでないことを装い、現地住民に対しては占領政策への反発を回避しようとしていた。そうしたことを巧みに説明する文章の書き手として、軍政監部は三木に期待したのだと平子氏は推測する。

それまで三木は、「昭和研究会を拠り所として「東亜協同体」戦略を受容するポーズを取りながら、それを逆手に取る形で国体思想や日本中心主義の一面性を批判するという巧妙なレトリックをとってきた」といえる。しかし、フィリピン体験を機に、三木は本土の思想を「後方の観念論」として批判し、「実地の調査と研究」に根ざした「新しき論理」が必要であると考えるようになる。それは「三木の人生に決定的な転換点をもたらすはずであった」という。

「第V部　宗教的世界と現実——哲学と宗教のはざまで」では、三木の宗教哲学について考えてみる。三木はつねに時局に深く関わり、ときにマルクス主義にも接近したが、しかし他方で宗教的関心を持ち続けていた。三木のなかで、哲学と宗教とはどう関わっていたのであろうか。

拙論、田中久文「超越への「構想力」——三木清の親鸞論の可能性」は、まず、三木が若い頃から一貫して深い宗教的関心をもっており、その結実が遺稿『親鸞』であったことを明らかにしている。その上で、『構想力の論理』を中心にした三木の哲学と遺稿『親鸞』との連続面と非連続面とを、内在と超越、パトスとロゴス、歴史意識、言葉と社会といった諸観点から分析した。

三木の「構想力」の哲学と『親鸞』の宗教哲学とは、唐木順三がいうように完全に対立したものではなく、むしろ多くの点で問題意識を共有している。だからといって、荒川幾男のいうように『親鸞』を三木哲学の一つの「ヴァリエーション」とみなすこともできない。両者は深い関連を有しながらも、同時にそこには断絶・飛躍がみられるのである。

では、両者を真に繋ぐことはできないのか。そのためには、三木の説く「構想力」というものを、より深い意識次元においてとらえ直し、宗教的イマージュをも生み出す働きとして考える必要があったように思われる。三木にもう少し命が与えられていたならば、そうした「構想力」論を展開していたかもしれない。

岩田文昭氏「三木清の哲学と宗教」は、「三木の思索はその生涯を通して「宗教哲学」の完成を目指していた」とする。三木の宗教への関心は、幼児期からの真宗の影響、歎異抄への傾倒、近角常観との関わりなどによって生まれたものだとする。そして、三木の「宗教哲学」は「哲学が哲学として深まることで、実在する「宗教」と関わる場を探求するもの」であり、歴史的現実を重視する点にその特徴があるという。

そして、遺稿『親鸞』は武内義範の『教行信証の哲学』（一九四一年）から大きな影響を受けたものだとする。武内は、「真諦」（絶対知）と「俗諦」（相対知）とが動的・有機的に連関しなければならないという「真俗二諦論」によって、親鸞の『教行信証』を解釈しようとした。三木はそれを受けて、宗教的真理と社会生活とのあるべき関係を『教行信証』のうちに読みとろうとしたのだと岩田氏はいう。

戦前の真宗では、「俗諦」の内容を帝国憲法や教育勅語に求めたりしたため、「真俗二諦論」は戦後批判を浴びることとなる。しかし、三木によれば、親鸞にとっての「俗諦」とは、念仏者が歴史的現実といかに向き合うかということであったという。そこから親鸞は、「御同朋御同行」という社会生活における平等の原理を説いたと三木は考えるが、そうした三木の解釈には、「国家神道批判への可能性を読み取ることもできる」のではないかと岩田氏は指摘する。

岩田氏によれば、結局三木は「親鸞の説く絶対的真理をもとに成り立つ社会倫理の構築を目指した」のであり、三木が戦後まで生きていたら、「新たな民主主義国家の中での社会倫理について積極的に発言した」であろうと推測する。

以上、本書の概略を説明してきた。三木の哲学がいかに多くの論点を含んだものであるかが理解されたのではなかろうか。しかも、個々の論点に関しても、論者によって、その解釈、評価は多様である。それは三木の哲学がいかに問題喚起的なものであるかを物語っているように思われる。読者各位は、興味を覚えた論文から自由に三木の哲学世界に入っていただければ幸いである。

目次

第Ⅳ部　時代との対話——戦時評論をめぐって

凡例

＊本書は、「三木清研究会」公開講座の講演をもとに、新たに書き起こしたものである。
＊本文中、『三木清全集』、『西田幾多郎全集』（増補改訂第三版）、『和辻哲郎全集』については、「三木⑭一五」のように、全集名、巻数、頁数を略記した。
＊引用文中の旧字については、必要に応じて新字にあらためた。

三木清の問い——その思索の跡をたどる

藤田正勝

三木清にはさまざまな相貌がある。マルクシズムに傾倒し、その立場から日本の思想界に大きな影響を与えた思想家でもあるが、しかし後期の思索のなかでは「レトリックの論理」や「構想力の論理」など、独自の思想を展開した。また一九四五年、終戦後一か月余りして獄死した三木が残した遺稿は『親鸞』であった。著書も枚挙に暇がない。たとえば『パスカルに於ける人間の研究』（一九二六年）、『唯物史観と現代の意識』（一九二八年）、『歴史哲学』（一九三二年）、『アリストテレス』（一九三八年）、『構想力の論理 第一』（一九三九年）、『哲学入門』（一九四〇年）、『人生論ノート』（一九四一年）、『技術哲学』（一九四一年）などを著している。

その全体に光を当てることはできないが、可能なかぎりでその生涯にわたって思索の跡をたどってみたい。その際、その歩みに見え隠れする西田幾多郎の影響や西田哲学に対する批判にも注意を向けたい。

(1) 西田幾多郎との出会い

三木には一九四一年に発表した「西田先生のことども」というエッセーがある。そのなかで三木は、西田の『善の研究』が自分の「生涯の出発点」(三木⑰二九六)になったということを記している。三木がこの書を読んだのは一九一六(大正五)年のことであったと考えられるが、その翌年西田幾多郎が哲学会で行った「種々の世界」という講演を聴き、哲学の道を進むことを決断した。やはり西田のもとで学んだ相原信作は、『西田幾多郎全集』の月報に寄せた「師弟」と題したエッセーのなかで、この二人の間柄について次のように記している。「〔三木は謹厳実直な田辺元には受け容れられなかったが、〕西田先生は……三木氏に終始かわらぬ深い愛をいだいておられた……。三木氏の放言をきき惚れておられた先生の温容を忘れない(1)」。三木の方でも、たとえばこれは一九三六年の日記であるが、そのなかで「午後鎌倉に西田先生を訪ねる。今日は身体の問題についてなかなかおもしろい話があった。先生と話をしているとと勉強がしたくなる。自分も哲学者として大きな仕事をしなければならぬ」と記している。

このように二人は、師弟の強い絆で結ばれていたが、しかし三木は西田の哲学の枠のなかで思索するというのではなく、むしろつねにその枠を超えでようとした。その点に三木という人間の、そして同時にその思想の特徴が現れている。枠を超えでるということは、当然、その思想に対する批判ということが前提になる。この西田に対する批判も視野に入れながら、以下で、三木の思想の発展のあとをたどってみたい。

(2) ヨーロッパへの留学と『パンセ』の研究

三木の思想形成において、一九二二(大正一一)年から一九二五年にかけてのヨーロッパ留学がもった意味はきわめて大きいものがあった。最初ハイデルベルク大学でリッケルトのもとで、次いでマールブルク大学でハイデガーのもとで学んだ。一九二四年の八月にはパリに移り、そこでパスカルの研究に携わった。留学当初は、三木の関心は、京都大学時代の延長で主に論理学や哲学の方法論に向けられていたが、ハイデガーのもとで学ぶようになってから大きな転機が訪れた。一九二四年五月の友人森(羽仁)五郎に宛てた手紙のなかで、„Philosophie des Lebens"(生の哲学)が切実な問題になってきていると記しているが、哲学の潮流が言わば「学の哲学」から「生の哲学」へと大きく移り変わろうとしているのをハイデガーのもとで強く実感した。その流れのなかで三木はハイデガーから、またそれとの関わりでディルタイから大きな影響を受け、その関心を人間に、そしてその生に向けていった。そのような新たな立場からの思索の成果こそ、『パスカルに於ける人間の研究』にほかならない。

その「序」において三木は、この書に込めた意図を次のように言い表している。「『パンセ』に於て我々の出逢ふものは……具体的なる人間の研究、即ち文字通りの意味に於けるアヽンヽトヽロヽポヽロヽジヽーである。アントロポロジーは人間の存在に関する学問である。それはこの存在に於てそれの「存在の仕方」

を研究する。……アントロポロジーは一つの存在論である。『パンセ』を生の存在論として取扱はうとすることは私の主なる目論見であつた」（三木①四）。「生の存在論」としてのアントロポロジーがとりうる一つの形がパスカルの『パンセ』であるという考えを三木はそのとき抱いたのである。つまり、アントロポロジーという視点から、言いかえれば、人間存在の「存在の仕方」を明らかにするという問題意識から三木は『パンセ』の考察へと向かったのである。

その理解がパスカルの意図に沿うものであるかどうかは、もちろん問題になりうるであろう。『パンセ』を支えていたのは、確かにパスカルの徹底した「人間の研究」であった。パスカルはまちがいなく、すぐれた人間の観察者であり、人間の探求者であった。しかし、パスカルが最終的に語ろうとしたのは、物質の秩序をも、また精神の秩序をも超えた、「無限に高い秩序」についてであったということも言いうる。パスカルにおける「人間」の研究は、そのパスカルの意図を覆い隠す可能性をはらんでいる。しかし、三木が「人間」にこだわったのは、ハイデガーやディルタイについての研究を通して彼のなかに形成されていったアントロポロジーへの強い関心、人間存在の生のあり方への強い関心のためであったと言ってよい。

⑶ マルクス主義への接近

三木は一九二五（大正一四）年に帰国、翌年四月からは第三高等学校の講師となり哲学概論の講義を担当した。多くの人が三木の才能を評価し、西田のあとを担う人材になると考えていたが、さまざまな事情で京都大学に職を得ることは叶わなかった。代わって一九二七年の四月から法政大学の教壇に立つことになった。それは三木の思想上の新たな出発を意味した。マルクス主義者として論壇に登場し、「人間学のマルクス的形態」や「マルクス主義と唯物論」、「プラグマチズムとマルキシズムの哲学」などの論文を矢継ぎ早に発表し、時代の寵児になっていった。

三木が歩んだ道を、三木から強い影響を受けた梯明秀はのちに「牢獄と軍隊」と題したエッセーのなかで「マルクス主義たるために哲学を棄てて経済学に移るということなく、却って生きた哲学者であることによってマルクス主義者であることのできる途を開拓しつつあった」[2]と表現しているが、三木がそのような新しい道を切り開いていくことができた背景には、当時、マルクス自身の著作が発表されはじめ、それに直接触れることができたということがあった。一九一七年のロシア革命、そして一九二二年のソ連邦の成立以降、マルクス主義の哲学は、エンゲルスやレーニンの著作をもとに革命的実践を支える理論として言わば単純化され、教条化されていった。マルクス自身の哲学的な著作が遺稿のなかから公にされたのは、ちょうど一九二〇年代から三〇年代にかけての時期であった。エンゲルスとの共著『ドイツ・イデオロギー（Die deutsche Ideologie）』の第一巻第一章「フォイエルバッハ」が刊行されたのは一九二六年であり、『経済学・哲学草稿』がはじめて公にされたのは一九三二年のことであった。三木は直接これらの著作を触れることができたのである（一九三〇年に三木は『ドイッチェ・イデオロギー』

を翻訳し、岩波文庫の一冊として出版している)。そのことが三木に、公式のマルクス主義哲学から自由にマルクスの哲学を解釈していくことを可能にしたと言うことができる(3)。

三木がマルクス主義に関する論文を次々に発表していったとき、多くの人がその思想の転換の大きさに驚いた。しかし興味深いことに三木自身はむしろそれ以前の自らの思想との連続性を強く意識していた。一九二七年の一〇月に三木は友人の(のちに妻となる)東畑喜美子に宛てて、パスカル論とマルクス論のあいだには「最も緊密な連絡」があると書き送っている。両者を貫いているものが何であるか、三木はこの手紙のなかでは具体的に記していないが、まず、「人間学のマルクス的形態」という最初の論文の表題が示すように、「人間学」というところに三木の視点が据えられていたことを指摘することができる。そういう観点から三木が注目したのは、マルクスが『ドイツ・イデオロギー』において、イデオロギーから出発して具体的な人間の活動を理解しようすることを一つの顚倒と見なし、「現実に活動している人間」から、そしてその「現実の生活過程」から出発し、イデオロギーをその反映として、あるいはその「昇華物」として捉える必要を強調したことであった。

三木は『パスカルに於ける人間の研究』においてもすでに『パンセ』を解釈するにあたって「基礎経験」という概念を用いていたが——そこにはまちがいなく西田幾多郎の「純粋経験」の概念の影響があった——、おそらくそれを、このマルクスの現実的な生活過程とイデオロギーとの理解に生かすことができると考えたのであろう。それを核にしてマルクスの思想を解釈している。ただ三木の言う「基礎経験」は、マルクスの言う現実に活動する人間の生活過程とは同じではない。われわれが日常の生活過程のなかで行っている経験には、言葉が、言いかえればロゴスが深く関与している。三木の言う「基礎経験」は、そのような日常の経験の根底にあるものであった。三木はそれを、言葉によって光が与えられる以前の、つまり言語化を通して具体的な形態を与えられる以前の、「闇」とも表現すべき経験として理解している。別の言い方をすれば、ロゴスが関与し、それによって固定化が生じる以前の動的な経験である。われわれはそれをロゴス化することによって、つまり自らのうちでそれに対して自己解釈を加えることによって「アントロポロギー」を生みだし、さらにそれに普遍性（公共性）を与えることによって理論にまで彫琢していくことによって「イデオロギー」を生みだしていくというのが三木の理解であった。

（4）歴史哲学

三木は一九三〇年に当時非合法状態に置かれていた日本共産党への資金援助容疑で検挙され有罪判決を受けた。その後、研究対象をマルクス主義から歴史哲学に移していった。その成果が一九三二年に発表された『歴史哲学』である。しかし、その歴史への関心は突然生まれたものではない。三木は京大の大学院在学中にすでにヴィンデルバントやリッケルト、ジンメルらに導かれて「歴史哲学」の問題に深い関心を寄せていた。そしてその関心を留学中ももちつづけていた。「人間学のマルクス的形態」でも、三木はマルクスの人間学も最も重要な点として、人間を実践的感性的存在として捉えた点と、「存在の原理的なる歴史性の思想」（三木③三七）とを挙げている。『歴史哲学』においても、その関心は維持されてはいるが、より一般的な視点から「歴史とは何か」が問題にされている。われわれが歴史の具体的な内容を知るのは、「出来事の叙述」（historia rerum gestarum）としての歴史を通してであるが、それが叙述する客観的な対象としての「出来事」（res gestae）を三木は「存在としての歴史」という言葉で呼んでいる。しかし三木は、この通常指摘される歴史の二つの意味のさらに根底に「事実としての歴史」を考える。というのも、過去の出来事の叙述は、それらを「手繰り寄せ」、選択し、一つの全体へとまとめあげていく「現在」の上にはじめて成立するからである。この全体を形作る原理である「現在」を三木は「事実としての歴史」と呼ぶ。それをさらに「歴史を作る行為」であるとしている。歴史によって叙述される「出来事」、つまり「存在としての歴史」は、はじめから客観的にあるのではなく、この「事実としての歴史」によって作られるのである。

この「事実としての歴史」から、ある一定の歴史的時代に、また一定の関係のもとに、ある特定の「歴史的意識」が生まれてくると三木は考える。もちろんすべての事実が「歴史的意識」を形づくるわけではなく、「優越な意味に於ける」事実がそれを形成する。この「優越な意味に於ける」事実を三木は「歴史の基礎経験」（三木⑥四八）という言葉で呼んでいる。この「歴史の基礎経験」の上に、具体的な内容をもった「史観」――観念論的な史観や唯物論的な史観――が形成される。この史観の個別の内容を超えてそれを形式的側面から捉え直したものが「歴史的意識」である。「歴史的意識」は「規範的な、価値評価的な意識」であり、「歴史の思想」とも呼ばれているが、三木はこの「歴史意識一般の理論」こそが「歴史哲学」であるとしている。

(5) 危機の時代の哲学

『歴史哲学』を執筆して以降、三木は哲学に限らず、政治や社会、芸術や宗教など、さまざまなジャンルにわたって多くの評論を発表していった。それを貫く一つのトーンは「危機」の意識であり、「不安」の意識であった。一九三一(昭和六)年に勃発した満州事変は日本の政治の大きな転換点となった。国内政治の面ではファシズム体制の確立へと大きく動きはじめ、また国際的にもその対外膨張政策により、世界のなかで政治的に孤立を深めていった。それにあわせて日本の思想状況にも大きな変化が生じた。社会運動だけでなく、言論や学問の自由もまた国家の力によって圧迫されるようになっていった。三木もまた、「危機意識の哲学的解明」(一九三二年)において、危機の時代にはとくに思想が問題にされるが、他人への心理的な効果だけをねらった、主体的真実性を欠いた思想のみが横行するようになった状況を強く批判している。また「不安の思想とその超克」(一九三三年)においては、満州事変以後に生まれてきた精神的雰囲気を「不安」(三木⑩二八六)という言葉で言い表し、いままさに「不安の思想の根本的性質を理解し、批判すべき必要に迫られて」(三木⑩二八七)きていることを主張している。そしてこの跋扈する不安の思想を超克するためには、「人間に価する新しい人間の定義」（三木⑩三〇四）を与える必要があることを強調している。このように「新しい人間のタイプ」を明確に規定し、「不安の思想」を超克することが、この時期の三木にとって大きな課題となっていたことがここから読みとれる。

この「人間に価する新しい人間の定義」を与えるという課題に三木はどのように答えようとしたのであろうか。「人間再生と文化の課題」（一九三五年）において三木は、新しい人間の哲学が「行為の立場」に立つことを強調している。人間の行為はすべて「制作（ポイエシス）」という意味をもつ。そのためには行為は「主観的・客観的なもの」でなければならない。人間の行為はただ単に内面的なものではなく、「社会的に限定されてゐる」。しかし同時に「人間は社会から生まれたものでありながら、独立にはたらき、逆に社会に作用し、実に社会を作る」（三木⑬二〇〇）。このような主観的・客観的な「制作」を担う存在として三木は人間を理解する。

「非合理主義的傾向について」（一九三五年）においては三木は、「非合理主義が現在ファッシズムにおいて圧倒的であることは云ふまでもない。ファッシストは「文化闘争」の名のもとに、あらゆる非文化的な、非合理的なことを行ひつつある」（三木⑩四〇〇）と、時代に対する批判を明確に言葉にしている。この時代を支配している非合理主義に三木は「技術」によって対抗しようとした。三木がくり返し強調するように、人間の行為の根底にはパトスがある。それは主体的である。しかし、それは行為が盲目的であるということを意味しない。むしろそこには「悟性」が働いている。それを可能にするのは、アランの言う「メチエ」(métier)、つまり経験を通して身につく「技術」である。「人間の行為はつねに技術的なものであり、その限り知的なものでなければならぬ」と言われたあと、今日必要なことは、技術の意味を拡大し、「人間生活の広汎な現象の隅々にまで認められる技術的なものを観察することによつて技術の哲学を研究することである」(三木⑩四〇九)と述べている。『哲学的人間学』や『構想力の論理』において「技術」について深く論究したあと、一九四一年に岩波講座『倫理学』のために『技術哲学』(翌年単行本として刊行)を執筆したのは、この「技術の哲学」の構想と深く関わっている。

三木はまた「不安の思想」を超克するという課題との関わりにおいて、「レトリックの精神」(一九三四年)などの論文において「レトリック」の問題についてくり返し論じている。「非合理主義的傾向について」のなかでも次のように言われている。「レトリックにしても単に言葉の美化の術でなく、人間存在の社会性に基づく思考の本質的な仕方を現はしてゐる。……従来の論理学の型を越えた新しいロゴスの学を組織することは、歴史的社会的存在の認識にとつて必要なことではないかと考へる」(三木⑩・一〇一―四〇二)。レトリックが単なる文章表現上の技法としてではなく、思考の仕方、ものの考え方・捉え方として理解されている点が注意を引く。そのような観点からレトリックに注目する必要があるのは、人間の「社会性」、つまり、人間が「歴史的社会的存在」であることに基づく。三木のレトリック論は、人間はただ単に知の主体であるのではなく、歴史のなかで思索し、表現し、行為する存在であるという人間理解と深く関わっていたことがここからも読みとれる。彼にとってレトリック論は、どのようにして時代の危機を克服することができるか、どのようにして未来を切り開いていくことができるかという課題をめぐってなされた模索の一つであったと言うことができる。

(6) 構想力の論理

三木は一九三三年から一九三七年にかけて『哲学的人間学』の原稿を何度となく書き直し、出版することをめざしていたが、それは実現しなかった。それに代わって一九三七年の五月から、のちに『構想力の論理』としてまとめられることになる論文を雑誌『思想』に断続的に発表しはじめた(『構想力の論理 第二』は一九三九年に、『構想力の論理 第二』は没後の一九四六年に刊行された)。言わば『哲学的人間学』の出版を断念することと引きかえに、三木は『構想力の論理』の執筆を始めたのである。その理由を三木は明確に語っていないが、おそらく、これまでの彼の仕事のなかで断片的には論じられていたが、しかしまとまった形では論じられず、それがはらむ問題に十分な解決を与えることができなかった事柄を改めて論じたいという意図があったのではないかと考えられる。

『構想力の論理』で三木が問題にしようとしたのは、「ロゴスとパトスの統一」であったと言うことができる。『構想力の論理 第一』に付された「序」のなかで三木は次のように述べている。「『歴史哲学』の発表の後、絶えず私の脳裡を往来したのは、客観的なものと主観的なもの、合理的なものと非合理的なもの、知的なものと感情的なものを如何にして結合し得るかといふ問題であった。当時私はこの問題をロゴスとパトスとの統一の問題として定式化し、すべての歴史的なものにおいてロゴス的要素とパトス的要素とを分析し、その弁証法的統一を論ずるということが私の主たる仕事であった」（三木⑧四）。しかしその考察が「余りに形式的」であった点について、つまり、ロゴス的なものとパトス的なものの統一が具体的に「何処に見出されるか」のかということを明らかにすることができなかった点について反省を加えている。そして次のように付け加えている。「この問題を追求して、私はカントが構想力に悟性と感性とを結合する機能を認めたことを想起しながら、構想力の論理に思ひ至ったのである」（三木⑧五）。

人間の内にあるパトス的なもの、感情や情念、衝動などはそのままでは形あるものにならない。それを形あるものに転化する力、「像を作りだす力」である「構想力」（Einbildungskraft）があってはじめてそれが可能になる。そのような意味で、「構想力は単なる感情ではなくて同時に知的な像を作り出す能力である」（三木⑧四九）と言われている。「構想力の論理」は単なる感情の論理、あるいはパトスの論理ではなく、「形像の論理」（三木⑧四六）であった。

興味深いことに、三木は「構想力の論理」をめぐる考察を通して西田哲学に接近したことを認めている。しかしそれは決して西田哲学と一つになったという意味ではない。『構想力の論理 第一』の「序」においても三木は、西田の「形」の理解の不十分性を次のようにはっきりと指摘している。「東洋においては形は主体的に捉へられ、かくして象徴的なものと見られた。形あるものは形なきものの影であり、「形なき形」の思想においてその主体的な見方は徹底した」（三木⑧一一）。つまり西田が捉えた「形」は、形なきもの（無）を指し示す象徴として、どこまでも主観的に理解されている点を三木は批判したのである。そのような立場から次のように言われている。「東洋的論理が行為的直観の立場に立つといつても、要するに心境的なものに止まり、その技術は心の技術であり、現実に物に働き掛けて物の形を変じて新しい形を作るといふ実践に踏み出すことなく、結局観想に終り易い傾向を有することに注意しなければならぬ」（三木⑧一一）。西田の「心の技術」に対して「物の技術」を対置しようという意図が、三木の「構想力の論理」にはあったと言うことができる。

(7) 遺稿『親鸞』

三木は一九四五年三月に治安維持法違反の容疑者をかくまい、逃亡させたという嫌疑で再び検挙された。敗戦後も釈放されることなく、その年の九月に獄中で死去した。その後のことであるが、埼玉の疎開先に『親鸞』と題した遺稿とも言うべき原稿が残されていた。それは唐木順三によってまとめられ、一九四六年一月に雑誌『展望』の創刊号に掲載された。唐木の『三木清』によれば、三木はそれを創元社から出版する意向をもっていたようであるが、完成した原稿ではない。『三木清全集』第一八巻の編者桝田啓三郎はその「後記」のなかで、用いられている用紙や文体から判断して、一九四三年末頃から一九四五年三月に検挙されるまで書きつづけられた絶筆と見なすことができるとしている。

しかし三木はなぜ最後に――彼自身には最後という意識はなかったかもしれないが――親鸞を問題にしたのであろうか。一つ指摘できるのは、幼少の時から晩年に至るまで、三木が変わることなく宗教的な意識をもちつづけていたことである。しかしそれでも終始「人間」を、そして人間がそのなかに置かれている現実を問題にしてきた三木がなぜ親鸞を問題にしたのかは、すぐには理解しがたいところがある。この問いに対しては、この遺稿は、不安の時代・不安の思想をいかに超克しうるのかという問いへの、〔レトリックの論理の展開とは異なった〕もう一つ別のアプローチであったと答えることができるかもしれない。この三木の書は、教学関係者の親鸞論と比較したとき、一つの明確な特徴をもっている。三木もたしかにここで阿弥陀仏の本願を、そして「三願転入」という浄土真宗の教学のもっとも重要な問題を取り上げて論じているが、しかし、三木が問題にしたのは、「つねに生の現実の上に立ち、体験を重んじた」親鸞であり、「仏教を人間的にした」親鸞の思想であった。もちろん親鸞の信仰を「体験の宗教」とすることが三木の目ざしたことではなかった。確かに親鸞の信仰のなかには、「極めて深い「内面性」を見出す」（三木⑱四二四）ことができる。しかし三木はそこに単なる体験ではなく、「真理」を見いだそうとしたのである。親鸞に即して言えば、「浄土真宗に帰すれども／真実の心はありがたし」という悲歎述懐の言葉が示すように、どこまでも「真実心を得るといふこと、まごころに徹するといふこと」（三木⑱四二六）、これが親鸞の求めたものであり、そこに三木は注目したと言うことができる。

宗教は単なる主観的な体験に帰せられるのではなく、そこにおいても「真理」こそが中心の事柄であるというのが三木の基本の考えであった。もちろんその真理は、科学的真理や哲学的真理とは性格を異にする。それは経（浄土真宗においては『無量寿経』）の言葉（本願、さらには名号）という超越的なものに関わる。しかしこの超越的な真理は、超越的なものにとどまるのではなく、「現実の中において現実的に働くものとして真理」となる（三木⑱四八五）。仏教の表現を用いれば、「十方衆生」のうちに働くことによってはじめて真理となる。しかも「十方衆生」という類概念のうちにおいてではなく、「生ける、この現実の自己」のうちで働き、この私を救済するものであるときに真理でありうる。『歎異抄』で「弥陀の五劫思惟の願をよくよく案ずれば、ひとへに親鸞一人《いちにん》がためなりけり」という言葉もそのことを表現したものと考えられる。そのような意味で三木は、宗教的真理は「実存的真理」であると言う。それが「実存的真理」となるとき、つまり、経の言葉の真理性が私のうちで確証されるとき、「十方衆生」はもはや抽象的な概念ではなくなり、具体性を獲得する。救済の教えがもともと「十方衆生」のためのものであったことが了解される。そのような具体的な内実を獲得した「十方衆生」について、三木は、「それは同朋同行によつて地上に建設されてゆく仏国にほかならない」（三木⑱四八八）としている。三木は言論や思想が圧迫を受け、自由を失っていくなかで、三木はそれを克服する道をさまざまに模索したが、その一つの方向をこの仏国土の建設のなかに見いだそうとしたのかもしれない。

さて、三木と西田との関わりを考える上できわめて重要な意味をもっている三木の書簡の言葉を最後に引用することにしたい。一九四五年一月に疎開先の埼玉県から出された坂田徳男宛の書簡の言葉である。「今年はできるだけ仕事をしたいと思ひます。まづ西田哲学を根本的に理解し直し、これを超えてゆく基礎を作らねばならぬと考へ、取掛つてをります。西田哲学は東洋的現実主義の完成ともいふべきものでせうが、この東洋的現実主義には大きな長所と共に何か重大な欠点があるのではないでせうか。東洋的現実主義の正体を捉へようと思つて、仏教の本なども読んでみてゐます。ともかく西田哲学と根本的に対質するのでなければ将来の日本の新しい哲学は生れてくることができないやうに思はれます。これは困難な課題であるだけ重要な課題です」(三木⑲四五三)。

「東洋的現実主義」というのは、『構想力の論理　第一』で言われていた「東洋的論理」、つまり、形や行為をただ心境のレヴェルでのみ問題にする立場を指すと考えられるが、そこには長所と欠点とがあるとされている点が注意を引く。西田哲学もその両面を含むと三木が考えていたことがこの文章から読みとれる。西田との根本的な「対質」の必要性はそこから言われたと考えられる。この「対質」を通して「新しい哲学」を作りだしていくことを、三木は将来のもっとも大きな課題と考えていたが、残念ながらそれは彼の獄中での死のために果たされずに終わった。現代に残された課題と言わざるをえない。

註

（1）下村寅太郎編『西田幾多郎——同時代の記録』岩波書店、一九七一年、一四六頁。

（2）梯明秀「牢獄と軍隊——戦後論壇における二つの空席に回想する一精神的栄養失調患者のメモランダムとして」、田辺元ほか『回想の戸坂潤』（三一書房、一九四八年）六二頁。

（3）平子友長「昭和思想史におけるマルクス問題——『ドイツ・イデオロギー』と三木清」、『日本の哲学』第一一号（二〇一〇年）九二頁以下参照。

第Ⅰ部

三木哲学の基本的性格——その背景と特徴

1　三木清、時代の夢

永野基綱

（1）　目立たないやうに

三木清研究会を支えてこられた龍野でのお話なので、龍野時代から考えてみたい。

三木における龍野といえば、「三木清のヒューマニズムの原点は龍野にあった」、という風にいわれたりする。確かに三木は、一九二〇年代に論壇に登場した当初から、「パスカルに於ける人間の研究」、「人間学のマルクス的形態」と、人間（ヒューマン）を思索の中心に据え、三〇年代のファシズムの嵐の中では、「ヒューマニズムの運動は、現代に於いては反ファッシズムの運動として規定することができる」（三木⑫三六五）と論陣を張り、四〇年代、対米英開戦の月に発表された論文でも、ヒューマニズムは「人間性を抑圧するもの、歪曲するものに對して、人間性の擁護を主張し、人間性の解放を要求する思想である」（三木⑤二四五）、と強調する。友人のマルクス主義者古在由重は、三木清の生涯を振り返って、「かれの魂の底には ～ 熱いヒューマニズムが脈々として流れていた」[1]と書いているが、確かに三木の生涯を貫くものを「ヒューマニズム」の語で概括することもできるだろう。そして三木は、「私がヒューマニストであるなら」、とそれを肯定した上で、こう続けている。それは、龍野時代に読んだ「蘆花の影響で～私のうちに育ったものである」（三木①三七三）、と。

しかし今回は、三木と龍野との関わりを、少し別の角度からみてみたい。

龍野中学時代に三木少年が愛読した徳富蘆花は九州熊本の人である。兄の蘇峰と共に京都に学び、最終的には三木が生まれる数年前に、蘆花が兄を頼って上京するが、それまで繰り返される兄弟の九州から京都や東京への旅は、何度も船を乗り継ぐ旅である。[2] ところが、三木が龍野中学に入学する一九〇八年に新聞連載された夏目漱石「三四郎」では、冒頭、熊本の五高を出て上京する青年三四郎は、汽車の車中にある。九州から東京まで、関門海峡以外は、鉄道で行けるようになっている。

人の移動だけではない。研究会が開かれる霞城館近くの醤油資料館に、底の平らな高瀬舟が展示されている。江戸時代から、龍野の醤油や素麺は、船で揖保川を網干まで下ろされ、積み替えられて海路を上方へと運ばれた。ところが『三四郎』刊行と同じ年、今はないが龍野電鉄が山陽線の網干駅前まで開通し、龍野の物産も、鉄道で運ばれるようになる。

三木の生まれる前と後で、旅行も物流も、船の時代から鉄道の時代に変わる。三木が生まれたのは日清戦争と日露戦争の間なので、二つの戦争を挟んで、ということになる。

鉄道は、イギリス産業革命と共に生まれた。港と工業地帯が鉄道で結ばれ、海外からの綿花が工場の機械で大量の綿製品に変えられて海外に送られる。伝統的な綿手工業を駆逐されて植民地となったインドでは、三木と同年同月に生まれたチャンドラ・ボースが、手紡ぎの糸車を抵抗のシンボルとする独立運動の闘士となってゆく。

姫路生まれの和辻哲郎は、三木の生まれた頃に、産業革命の波が播磨に押し寄せ、村に機織りの音が聞こえなくなっていった、と回想している。(3)「母の手織」の着物を着て小学校に通い始めた三木少年であるが、農家でも米を売った金で機械織りの綿布を買う時代になってゆく。金が世の中をめぐり、世の中を動かす時代。

三木の家は、矢野勘治や三木露風の生家のような龍野藩に繋がる家柄でもなく、当地で知られた堀家や永富家のような何代も続く大庄屋でもない。ただ、「池一つ越すと龍野の町になる」（三木①三六九）という、町と村の〈中間〉に位置して、祖父の代に米を売り買いして産をなし、そして、おそらく松方デフレによる困窮農家から農地を買い進めて、地主となって行ったのだと思われる。ただし米屋は、おそらく米騒動の時期以前にやめている。

後に播磨地方は全国でも有数な小作争議多発地帯となる。(4)龍野中学の前身から民権家富井於菟が出ており、後輩にはプロレタリア農民作家丸山義二もいる。そのような時代にそのような地域にあって、三木家では、とにかく「村の人々と同じに暮して目立たないことが家の生活方針であり、私も近所の子供と変わらないやうに躾けられた」（三木①三六九）、「つとめて村の青年と交わり、なるべく目立たないやうに心掛けた」（三木①三七〇）、と三木は繰り返し強調している。その家訓としつけと心掛けを通して、農家であって農家でない新興寄生地主の、時代に揺れ動く〈原罪意識と不安〉が、そしておそらく、自己を抑圧せざるをえない日常への〈違和感〉が、三木少年の身体に刷り込まれた筈である。

（2） 閉塞の時代

鉄道がもたらしたのは産業発展だけではない。山陽線が広島まで開通したのにあわせて、日清戦争の大本営が広島に置かれ、突貫工事で港まで鉄路が通されて、兵隊や兵器が戦場に送り出される。戦争に勝って、大日本帝国は台湾を領有し、さらに日露戦争にもようやく勝って大陸に権益の手を伸ばす。二度の戦争勝利で、鴎外のいう「普請中」ながらも、列強に並ぶ「富国強兵」帝国が実現する。「一等国」になったという意識がひろがり、政府さえ抑えられない。大阪、次いで東京で万国博覧会が開かれ、日の丸の入った万国旗が張り巡らされる。しかし、三四郎の車両に乗ってきた髭の男は、「いくら日露戦争に勝って、一等国になっても駄目ですね」、日本は「亡びるね」[5]、という。

鉄道と産業革命の時代、農村から都市への激しい人口移動がある。横山源之助は、膨れ上がる大都市に形成される「下層社会」と、その供給源である貧しい農村の実態を訴えるが、都市に増えていったのは「下層」の人々だけではない。この時期、中学校をはじめとする中高等教育機関が全国的に設立され、地方発展の中核を担う人的資源を生み出すとともに、エリート人材を都市に送り出す。増加する都市知識人層もまた地方出身者である。

「耕さず造らず沽ざる」[6]者には経世済民の責務があると山鹿素行がいったのは、もちろん武士身分のことであるが、代わって、地主層を中心に経済的社会的に余裕ある家に育ち、進学して学歴知識を身につけた社会層が形成され、経世済民を担うエリート層として自らを意識する。

三木の誕生と同時に新聞連載が始まった紅葉「金色夜叉」は実業世界を舞台とし、翌年からの蘆花「不如帰」は軍人の悲劇である。実業界に進んで「富国」の担い手となるのも、軍人となって「強兵」を率いるのも、富国強兵国家のエリート青年として責務を果たす道である。龍野中学の親友永富は政治外交にも活躍する実業家鹿島守之助となり、三木を抑えて成績の良かった西田正雄は海軍の中枢に進む[7]。

しかし、蘆花の傾倒するトルストイの寓話「イワンの馬鹿」では、悪魔の手に落ちる二人の兄は他ならぬ商人と軍人である。三木もまた龍野中学卒業後、自らの将来を考えるに際して、「私が初めからなってみようと思わなかったことが二つあった。それは商売人と軍人とである」(三木⑱一八)と書く。もちろんそれはまだ、時代に対する何となくの〈違和感〉に過ぎないだろうが。

ただし、大地主の家に育ったトルストイや蘆花は、朴訥な農民イワンにはなれないことを知りつつ田園生活に擬似的に戻ろうとするが、三木は、「私も一時は或る種のトルストイ主義者であった」(三木①三八六)といいながら、「次から次へと空想」(三木⑱一八)する未来の職業は、いずれも都市中間層のそれである。

少し先走ったが、それまで教科書以外の本を読んだこともなかった三木少年が、文芸に興味を持ち、内外の様々な本を多読するようになるのは、一九一一年から一二年にかけてである。三木や友人の古林巌らは、学業とは別に、たちまち広い教養を身につけてゆく。

日露戦争後、重工業も飛躍的に発展するが、次々と不況や恐慌が襲う。田中正造は公害被害農民と共にあり、鉱山労働者の暴動や労働組合の大規模罷業も起こり、無政府主義、社会主義の運動が登場する。帝国主義国日本は、権益圏を広げ、遂に韓国を併合する。そしてその年一九一〇年に、帝国主義を批判する幸徳秋水ら「主義者」たちを、言いがかりをつけて大量検挙し、翌年早々殺してしまう。大逆事件である。多くの知識人が衝撃をうける中、啄木は「時代閉塞の現状」を書きつける。「我々青年を囲繞する空気は、今やもうすこしも流動しなくなった。強権の勢力は普く国内に行わたっている」[8]。

一〇年前、矢野勘治は「嗚呼玉杯」で、一高エリート寮生に、「榮華の巷低く見て」「我国民（くにたみ）を救わん」という「意気」を歌わせた[9]。しかし時代閉塞の年を経て、三木が一三年に作詞した「龍野中学学生歌」では、「浮薄の巷他處に見て」とエリート意識は同様ながら、歌われるのは「理想」への志である（三木⑲一二）。青年たちが、民を救う壮士の意気に酔うより、省みて〈理想と人格〉を追求する時代が来ている。やがて新カント派が青年たちを誘うだろう。

一三年の秋、最終学年の三木たちは、学生歌を高唱しながら、伊勢に旅行し、綿ネル工業都市和歌山にまわって、連載中の漱石「行人」の主人公と同じ場所に泊まる。漱石が小説の下敷きにしたのは、幸徳らが処刑されたすぐ後の、同地への講演旅行であったが、その講演で漱石はいう。日本の開化は外発的で上滑りの開化である。「戦争以後一等国になったんだという高慢な声は随所に聞くようである」が、「我々は日本の将来というものについて、どうしても悲観したくなるのであります(10)」。

かつて、民権運動の挫折が北村透谷に内部生命を発見させたように、外部世界の閉塞が、自己の内部に普遍世界を見ようとさせる。西田幾多郎は、生家の没落をはじめとする現実世界での挫折とコンプレックスをバネに、一一年『善の研究』で、内的な意識経験を徹底的に突き詰めることから、普遍的な倫理世界への道を開こうとする。蘆花は「謀叛論」で、幸徳ら「志士」を殺した政府を激しく批判しつつ、「諸君、我々は人格を研くことを怠ってはならぬ(11)」と訴える。

中学生三木は、この時点では、蘆花を愛読しても「謀叛論」は知らず、啄木の歌は読んでも「朝鮮国にくろぐろと墨を塗る(12)」思いは知らず、漱石は読んでもケーベル的教養主義としての関心しか持たず、『善の研究』は読んでもいない。それでも、時代は、少年と西田を接近させつつある。

大逆事件は、明治政府が自らの専制権力を見せつけた事件であるが、裏返せばそれは、専制社会の矛盾と反撥の蓄積を意味している。一一年には『青鞜』が創刊され、松井須磨子の「人形の家」が評判となり、「縊り残され」た大杉栄もまた、早くも一二年に活動を始める。その年の暮に明治が大正となり、漱石が「明治精神の終焉」を見た乃木の死を「馬鹿な奴だ」（志賀直哉）という白樺派が、「モダニズム」

と「デモクラシー」で語られることになる大正時代を迎える。青鞜、大杉、白樺派に共通するのは、何ものにも制約されない「生の充実」を求める「個の自由」であり、自由を阻む厚い壁の意識である。

(3) 孤独と共同性

こうして三木は、龍野時代最後の年、一九一四年を迎える。

この年の春、小学唱歌に「故郷」が登場する。後に「ふるさとを創った男」(猪瀬直樹)[13]といわれることになる高野辰之の作詞である。露風が「負われて見た」赤とんぼも、過ぎ去った日の「まぼろし」であるが、「兎追ひし彼の山」[14]は、都会に出た者が振り返る追憶の里である。「ふるさとは遠きにありて思ふもの〜帰るところにあるまじや」[15](犀星)。長男である三木がこの年故郷を出るのは、単に一個人の行動ではない。

同じ年に連載が始まる漱石「心(こゝろ)」のテーマは、存在することの罪悪感であるが、ここでも故郷を出たことに大きな意味が与えられる。「私」にとっても「先生」にとっても、故郷は、そこを出た者を支え、そして裏切る両義的背景であるが、それは、「先生」や「私」が故郷に依存しながら故郷を裏切って出てゆくことの裏返しである。因習と束縛から自らを解放することを選択して自立する者は、原罪意識を抱えて都会に孤立する。こうして漱石が描く人々は、人を信じることができない。

三木が後に、自らを「商人の子」とも「地主の子」ともいわずに「普通の農家の子供」(三木①

三六九）だったというのは、農村という共同体を出たことの確認である。町と村の〈中間〉の、農家であって農家でない家の子として、「目立たないように」自分を抑えて生きることを強いられた龍野を、三木は離れる。もちろん、得られたものは単純な解放感ではない。「中学を出ると、私はひとりぼっちで東京のまんなかに放り出された」（三木①三八一）。「私の心は殆どつねに孤独であった」（三木①三八二）、と三木は繰りかえす。

この年一四年は、阿部次郎の『三太郎の日記』が刊行された年でもある。彼もまた「北国の山村」から上京し、「孤独の心を以つて求める者」だと自らを規定する。エリート意識をもった孤独は、独我論を生む。独我論は因習の故郷から出た者に自立を保証する栄光の観念であるが、それはまた、自己神聖化を伴う自閉への罠でもある。「自らを社会より遠ざけ」、孤独のうちに自負を抱いて、しかも再び「社会と自己とをつなぐ縷[16]」を求める「三太郎」は、知識人青年たちのアバターである。

『善の研究』は、このような青年たちによって発見される。その「序」で西田は、「この書の骨子というべき」「余の哲学的思想」をこう記す。「個人あって経験あるにあらず、経験あって個人あるのである、個人的区別より経験が根本的であるという考から独我論を脱することができ[17]」た、と。

少し後『愛と認識の出発』で倉田百三は感激する。「独我論を脱することができた?! この数文字が私の網膜に焦げつくほどに強く映った。私は心臓の鼓動が止まるかと思った」。「涙がひとりでに頬を伝わった[18]」。オーバーに聞こえるが、近代という時代を迎える青春の情景である。

三木青年にとってもまた、「『善の研究』は私の生涯の出発点となった。自分の一生の仕事として何をやっていいのか決めかねていた私に～哲学をやってみようと決めさせたのは、この本である」。「このようなものが哲学なら」（三木⑰二九六）、と、三木は哲学を生涯の課題として引き受ける。

ただし、参禅して既に「無字」の公案を透過していた西田にとって、「独我論を脱することができた」と過去形でいうのは、思索の〈原点〉の確保を意味する。「我」の消滅点は、普遍世界がそこから展開する出発点であって、彼の『自覚に於ける直観と反省』以降の「悪戦苦闘」は、「経験の能動性」を軸にした、書斎での論理展開のそれである。しかし親鸞を読み、また龍野中学時代から歴史に関心のあった三木にとって、「独我論を脱する」とは、現在意識と不安を抱いて孤立する「我」を、歴史の中に「社会化」するという、未来形の課題である。

こうして三木は、新たな共同体を求めて歩みだす。しかし、社会的束縛から自立した自由な個人によって支えられ、そして自由な個人を支える共同体あるいは社会。そんなものはあるのだろうか。

（4）　時代の夢

とはいえ、三木はまだ龍野を出たばかりである。この時点から、三木の歩み全体を見通すのはもちろん強引すぎる。三木哲学の成立と展開については、他の方々のご高論におまかせして、後は僅かなメモを付記するに留めたい。

三木が龍野を出た一四年に世界大戦が始まり、ロシア革命、ドイツ革命が続く。「日本は滅びるね」どころか、近代をリードしてきた「西洋の没落」(シュペングラー)の危機感が拡がる。眼の前にあるのは、侵略と植民地支配と戦争であり、搾取と権力支配と貧困である。嵐の中で、支配と暴力のない平和な社会、搾取のない平等な世界が渇望される。

トルストイにひかれ蘆花に会った白樺派の武者小路実篤は一八年、構想していた「新しき村」を開く。それは、「一言で云へば、皆が協力して共産的に生活し」、「お互いに助けあって、自己を完成するやうにつとめる」[19]村である。もちろん一村コミューンなど夢でしかないが、しかしその夢に少なからぬ知識人が心を寄せ、夢想家を自認する三木もまた、講演会を聞きにゆく。

ただし三木は、農村共同体には惹かれない。後年、トルストイや白樺派の影響も受けて農場塾を開いた一高の先輩橘孝三郎の場合は、昭和恐慌下の農村の惨状を救おうとして五一五事件に連座する。郷土を民族に拡張する民族国家あるいは「有機体社会」に対する三木の批判は、「構想力の論理」まで一貫している。

一九二二年、三木はドイツに旅立つが、同年同じドイツに密航した大杉栄に共感して渡航費を出したといわれるのは、白樺派の中で三木が最も関心を寄せていた有島武郎だった。その有島は、「宣言一つ」を発表して、「第四階級と称せられる」労働者たちこそがこれからの歴史の主体であって、他階級の知識人などが何かに寄与できると思うのは「僭上沙汰」[20]だと宣言し、自らの農場を解放する。雑誌掲載は一月なので、五月に出発した三木は読んでいただろう。

そして三木は、ドイツで大内兵衛や森五郎の歓迎を受けて時代の動きに目覚め、帰国して、人間を〈中間者〉の不安から捉えるパスカル論をまとめた後に、マルクス主義論者として論壇に登場する。

いうまでもなくマルクスのコミュニズムもまた、共産社会（コミューン）の実現を目指す。抑圧と束縛さらに必要からも解放された「自由の王国」では、階級対立が解消され、国家の権力支配が不要となり、各人の自由な発展が万人の自由な発展の条件となる、と。

ただし、マルクス・レーニン主義は、資本主義的産業化を元凶とみて自然合一的な農業社会に退行する傾向などとは正反対に工業化による生産力の上昇に期待し、労働者の自主的な一斉罷業による国家廃棄などではなく前衛党の強力指導する産業労働者の組織的な革命を目指し、相互扶助的な共同体の自由連合などでなく革命後の階級独裁国家を不可欠の過程とする。とりわけ現在の厳しい世界状況の下では、コミンテルンの指示に従う各国の党の軍隊的闘争が強調される。

三木は、マルクス主義こそ現代の思想だとして、労働者が日常経験世界の違和をロゴス化しつつ革命の主体となってゆく道筋を重視し、私と世界との主体的関わりから、労働者階級の階級闘争と革命という現代の歴史に参画してゆく道を見出そうとする。ある意味それは、「宣言一つ」への回答であった。そして、共産党と肩を組んで治安維持法下の強権と戦おうとするが、党支持ゆえに逮捕され、その党からも排斥される。

「マルクス主義」と「現にあるマルクス・レーニン主義運動」とは切り離せない。唯一の「正統」解釈があるべきだという党の立場からは、「現にある運動」からの逸脱は「主義」からの逸脱とみなされる。ただし三木からすれば、そういった指摘は意味がない。マルクスはヘーゲルから、レーニンはマルクスから逸脱した、といって悪ければ発展させた。三木は、必要ならどんな思想や主義についても、誤読もすれば逸脱もする。ハイデッガー存在論についても、その礎石である「存在論的差異」を自己流に誤読した三木は、ナチスに入党したハイデッガーを躊躇なく批判する。スターリンから送られたテーゼを信奉する党の「正統」解釈からの逸脱を疑われた三木は、スターリン国家を疑うことができた。ただしそれは、三木の解釈がマルクスの本意に近いといった意味ではない。例えば『歴史哲学』には、「歴史的行為」の弁証法はあっても、唯物史観の根幹である「歴史の弁証法」はない。

それでも三木は、久野収もいうように、その後もマルクス主義にもマルクス主義運動にも背を向けたわけではない。少なくとも、「現在世界史の発展に関する統一的な思想を有する殆ど唯一の哲学といっても好いマルクス主義」（三木⑩四四二）と書き続け、「新しいヒューマニズムにとっては社会性と人間性との結合といふことがその中心的な問題であるべき筈である」（三木⑪二二一）と模索を続け、そして党員をかくまって死ぬ、という程度には。

「歴史の発展は人間の社会化への道であると共に個人化への道である」（三木⑤一八六）。三木は、その「道」を見出そうと、人が〈社会を作り／社会に作られる〉論理を求めて再び西田哲学に接近し、西田のような超論理で終わるのではなく、抽象理念を具体世界に媒介しようと、「構想力の論理」で模索を続ける。

(5) 時代の悪夢

繰り返すが、侵略と戦争、搾取と貧困、抑圧と支配に満ちた世界に生きて、人々は、自由な個人と平等な社会が互いに支えあう世界を求め、社会システムそのものを全面的に変革する夢をみた。「大きな物語」を夢見ることを、誰も軽蔑しなかった時代の話である。

だが、激動する世界は、余りにも複雑に錯綜している。あるいは社会主義とファシズムが激しく対立しながら相互に入り組み、あるいは自由への道が服従と粛清を求め、あるいはアジアの解放と連帯がアジア侵略に変質し、あるいは資本主義の超克が翼賛的統制経済に動員され、あるいは抵抗が参画に組み込まれる。こうして「時代の夢」もまた、時代に抗いつつ、「時代の悪夢」にも転化する。

三木は、日中関係を侵略から協同へと転換しようとするが、撤兵は主張せず、龍野中学時代の韓国併合は意識の外にある。帝国主義的侵略と資本主義的搾取を共に克服しようと、三民主義を越えるものとして「協同主義」を提唱するが、理念に過ぎない。それでも三木清は抵抗し続け、それゆえ流されもし加担もし、そして獄死する。

逮捕連行される三木を見送った盟友岩波茂雄は、戦後、雑誌『世界』の創刊にあたって、自由主義者として迫害されながらも「大勢に抗し得なかった[21]」自らを、痛恨とともに振り返る。戦争に熱狂し迫害に加担した者だけでなく、抵抗しつつも大勢に抗しえなかった者、沈黙を通してやり過ごそうとした者、人民に届かない原則を守って獄中で孤立していた者、翼賛体制を変えようと翼賛体制に参加した者などなど、それぞれの抵抗にはそれぞれの敗北の仕方がある。もちろん三木には三木の抵抗と三木の敗北があり、そして全ての敗北には責任が伴う。

もし生きて戦後を迎えることができたなら、三木は、そのまま饒舌に語り始めただろうか。それとも一度龍野に帰り、自らの責任に向き合いつつ霞城館界隈を散策することから始めたであろうか。その問いは、問う者にも返ってくる。羽仁五郎は、三木清を獄中に放置したままにした日本人民の責任を問うた[22]が、私たちは、いまなお、歴史責任を放置していないか。

註

（1）「忘れえぬ人々のすがた」『古在由重著作集、第六巻』（勁草書房、一九六七年、八〇頁）。
（2）中野好夫『蘆花徳富健次郎、第一部』（筑摩書房、七二年）。
（3）「自叙伝の試み」『和辻哲郎全集、第一八巻』（岩波書店、六三年、一二一頁）。
（4）一九二一～二三年の小作争議件数は兵庫県が全国第一位である。
（5）「三四郎」『漱石全集、第四巻』（岩波書店、七五年、二一～二二頁）。

(6)「山鹿語類第二十一、士道」『日本思想大系三二、山鹿素行』(岩波書店、七〇年、三一頁)。
(7)ただし西田正雄は、海軍兵学校に途中進学したため、卒業はしていない(室井美千博氏のご教示による)。
(8)「時代閉塞の現状」『啄木全集、第一〇巻』(岩波書店、五四年、三〇頁)。
(9)ことのは会編『全国旧姓高等学校寮歌名曲選』(春秋社、二〇一五年、五頁)。
(10)「現代日本の開花」『漱石全集、第一一巻』(岩波書店、七五年、三四三頁)。
(11)「謀叛論」『明治文学全集、徳冨蘆花集』(筑摩書房、六六年、五七四頁)。
(12)「九月の夜」『啄木全集、第一巻』(岩波書店、五三年、一九九頁)。
(13)猪瀬直樹『ふるさとを創った男』(日本放送協会、九〇年)。
(14)江崎公子、澤崎眞彦『唱歌大辞典』(東京堂出版、二〇一七年、三九三、六三五頁)。
(15)「小景異情」『室生犀星詩集』(ハルキ文庫、二〇〇七年、一一頁)。
(16)阿部次郎『新装合本、三太郎の日記』(角川選書、二〇〇八年、一九、五八、一一九頁)。
(17)『西田幾多郎全集、第一巻』(岩波書店、一九七八年、四頁)。
(18)倉田百三『愛と認識の出発』(角川文庫、一九六六年、八七頁)。
(19)「新しき村の小問答」『武者小路実篤全集、第一三巻』(新潮社、一九五六年、一二五頁)。
(20)「宣言一つ」『有島武郎全集、第九巻』(筑摩書房、一九八一年、五、一〇頁)。
(21)「「世界」創刊に際して」植田康夫、紅野謙介、十重田祐一編『岩波茂雄文集3』(岩波書店、二〇一七年、一三五頁)。
(22)「八月十五日に君は何をしていたか」(羽仁五郎)『昭和を語る、鶴見俊輔座談』(晶文社、二〇一五年)。

2　市民的哲学者としての三木清

濱田義文

1　三木清が生きた時代、特に三木の思想活動の出発点とみられる一九二〇（大正九）年から、三木が獄中で没した一九四五（昭和二〇）年九月までの時期は、まさしく「危機」の時代であった。一九二〇年七月に三木は京都大学哲学科を卒業しており、同年論文二篇を雑誌『哲学研究』に発表している。その年について後年三木は回顧して言う。「私の大学を卒業した大正九年は、未曾有の大恐慌に見舞われた年として記憶される年である」（三木①四〇七～八）、と。また、

「この年（大正九年）は日本社会経済史にとって注目すべき年であり、その四月、世界大戦以来未曾有の好景気に恵まれてきた我が国の資本主義は果然大恐慌に襲われた。日本最初の大衆的メーデーが行われたのも、日本社会主義同盟が成立したのもこの年のことである。その頃からマルクス主義が次第に普

及するようになった」（三木⑬二二八）、と。

三木が早い時期（一九二二年五月～二五年一〇月）に留学したドイツが、第一次世界大戦敗戦後の窮乏と混乱からまだ立ち直れずにいた時期であったことも忘れてはならないだろう。昭和に入ると特に満州事変勃発以降、「危機」の様相は急速に深刻化し、太平洋戦争への突入をへて、敗戦へ向かってまっしぐらに進んでいった。三木は敗戦直後の一九四五（昭和二〇）年九月に獄中の苛酷な条件の中で、四八年の生涯を終えた。

しかし危機の時代に生きることと、危機の時代を「危機意識」をもって生きることとは、直ちに同じではない。危機とは、事態の変化・矛盾の大きさが未来に向かって従来の時間的連続を許さず、行き詰まった現状の根本的打開を迫るところにあるとみられよう。その危機に受動的に呑み込まれるのではなく、危機を危機として主体的に見定め、その積極的打開を図るところに危機意識の働きがある。

三木は強い危機意識の持主であった。それを生涯もちつづけただけでなく、晩年になるほどその意識が深まっていったところに、三木の独特の哲学者的資質を見る思いがする。三木の最初期の「危機」の用語のみられる文章をあげよう。「思想の問題は今や思想の危機の問題として現れている。……思想の危機とは、これを純粋に理論的に見るならば、一定の思想が自己の反対の思想へ転化してゆくことを意味する。この転化そのものはその思想にとって危機として現われる。……危機的とは批判的ということである。……危機こそ思想の富を作るものであり、生命をなすものである。危機のないところには、ただ凝固と死がある。」（「危機における理論的意識」（一九二八（昭和三）一二月脱稿、『改造』一九二九（昭和四）年一月所収、三木②二四一〜三））

ここには、新興のマルクス主義思想の登場を旧来の思想にとっての危機として捉え、マルクス主義を自ら積極的に受け入れることによって現実を乗越えようとする、三木の高揚した気分が見られる。しかし三木はマルクス主義思想から学びながら、それと教条主義的に同化することはできなかった。やがてマルクス主義に対して距離をとるようになるが、それが三木にとっての危機意識の放棄を意味しないことが注意を要する。

『危機における人間の立場』（一九三三（昭和八）年六月）の「序」で三木は言う。「この書の読者は危機とか不安とかということをとおりいっぺんのことに考えてはならない。いな、かって危機とか不安とかいうことを或る深さにおいて経験したことのない者にとっては、この書は多分……理解し難きものであろう。……現代において哲学するということは、人間の生存理由のいかなるものでありうるか、この根源的な問に対する情熱が哲学者といわれる者の倫理でなければならぬ。（三木⑰三一八、三二一）。

さらに後の論文では次のように言う。「危機意識をもたぬ甘い見方から知らず識らず深みに陥ってゆくジリ貧というものが最も恐ろしいのである。危機意識は単純な楽観主義でも悲観主義でもない。……危機の正しい把握の中からこそ真の希望は生まれてくる」（「危機の把握」『改造』一九四一（昭和一六）年一二月所収、⑭五六五〜六）、と。

これらの文章にはっきり三木の危機意識の持続がみられる。しかし、その持続の中で危機意識の向かう方向に明らかな変化が認められる。その背景には内外におけるファシズムの急激な拾頭がある。それを受けて三木の危機意識は、以前のマルクス主義思想の受容による現実打開の企図とは異なり、ファシズムの非合理主義との対抗、現秩序中の積極的に価値ある思想や文化の擁護へと力点を移していったことが注目される。そこには戦争の拡大を思想のレベルで防止しようとする三木の懸命の努力があったと見られる。

しかし三木の危機意識はこれだけにとどまるのではない。三木にとって危機は単に政治的経済的意味を持つだけでなく、むしろ文化的思想的意味で重視されたことは、すでに見たところから明らかであろう。その上さらに危機が実存的意味をもつものであったことに注意しなければならない。前掲引用文の中で「危機」と「不安」が並べられているが、「不安」は社会的不安から実存的不安へと深められる。

三木は『用語解説』の中で「危機」について述べる。「歴史発展の一定の時期において社会に内在する矛盾が極度に高まる事によって生ずる。しかし危機は単に或る一定の時期における社会的矛盾に基くのでなく、人間の有限性（特に死すべき存在であること）に基き、人間存在に本来つねに含まれるものであり、日常生活においては蔽い隠されているかかる危機を顕わにすることによって、人間存在の本来的な情況を自覚することが必要とする者もある」（一九三五（昭和一〇）年、三木⑫三〇八）。

三木にとって人間は、パスカルに関する最初の著作（一九二六（大正一五）年、三木①一～一九）以来、

「無と全との間の中間者」であり、また未来へ向かう「途上にある存在」であり、「不安」を「生の動性」として刻印されている。かかるものとして人間は可能的には常に危機を抱えているが、ある時期にその不安が凝縮して危機となって現実化する。そこで真に確実なものが、自己の生の支えが求められるのである。

以上少なくとも三つの意味をもつ危機意識が重なりながら三木の生涯を貫くが、晩年になるに従って実存的危機意識が深まるように思われる。『人生論ノート』〔一九四一（昭和一六）年、三木①一九三〜三六二〕の二三の主題からなるエッセー集の冒頭に、「死について」が置かれている。また遺稿「親鸞」の中では、親鸞の末法思想について次のように言われている。

それは「単に時代に対する批判であるのみではなく、むしろ何よりも自己自身に対する厳しい批判を意味した。批判されているのは自己の外部、自己の周囲ではなく、かえって自己自身である。……彼は時代において自己を自覚し、自己において時代を自覚したのである。ところで自己を時代において自覚するということは、自己の罪を時代の責任に転嫁することによって自己の罪を弁解することではない。時代はまさに末法である。このことはまた時代の悪に対する弁解ではない。……末法の自覚は必然的に正法時の自覚を呼び起こす」（三木⑱四五二、四五五）。

三木はこのような危機意識をもって自己の内外の危機と向きあい、危機を主体的に乗り越えようとしてひたむきな努力を傾けつづけたといってよいだろう。三木の努力が偶然も絡んで不幸な結末を迎えた時、日本も国全体の未曾有の敗戦を迎えねばならなかった。しかしそれは死を通じて蘇るという千載一遇の好機でもあり、そこで三木のこれまでの思想活動が新しい先駆的意義を獲得することになったことが忘れられてはならないだろう。

ここで三木の危機意識に関連して、和辻哲郎（一八八九（明治二二）年三月～一九六〇（昭和三五）年一二月）の場合を簡単に見ておこう。和辻の思想活動の開始は早く『ニイチェ研究』（一九一三（大正二）年）、『ゼエレン・キェルケゴール』（一九一五（大正四）年）の二著を著した。その後、『古寺巡礼』（一九一九（大正八）年）、『日本古代文化』（一九二〇（大正九）年）などを刊行したが、和辻には三木のように大正九年を「未曾有の大恐慌」と捉える見方はない。和辻の研究は西洋近現代思想から出発しながら、日本古代文化へと向かった。和辻の眼は日本古代文化を単に幼稚な過去の所産と見るのではなく、むしろそこに純粋に表現される「深い生の神秘」を新鮮な驚きで眺め、共感的に理解しようとする。その中に時代を超える「永遠の現在」を見るのである。そこには和辻の根源への憧憬、またはイデーへの郷愁があり、その見方は美学的・観照的であるといえる。

また和辻のドイツ留学の時期（一九二七（昭和二）年二月～一九二八（昭和三）年七月）が、大戦敗戦後の混乱と疲弊からドイツがようやく立ち直りつつあり、ナチスの政権掌握（一九三三年一月）まで少し間のある社会的小康状態にあったことにも注意してよかろう。和辻は帰国翌年から雑誌に発表し始めた論文を『風土』（一九三五（昭和一〇）年）としてまとめた。

三木が現在を「危機」として捉え、それを「危機意識」をもって未来へ向かって打開しようと努めたのに対して、和辻の関心は歴史の中の「永遠の現在」に向かい、日本の伝統文化の根源的な相を探ることによって、自己の日本人としての同一性を確認しようとしたと見ることができよう。そこにわれわれは両思想家の間の資質の相違と世代の相違とを強く感じざるをえない。

2　三木の歴史哲学

さて三木の危機意識に支えられた思想活動の二大分野ないし問題群として、われわれは歴史哲学と人間学とをあげよう。三木の思想活動は多面的で非常に広範であるが、所詮この二つに集約することができると思う。しかもその二つが一つの根で結びついているところに三木思想の特徴がみられる。三木が歴史哲学の研究から出発したことは広く知られている。主要著作をあげておく。

『唯物史観と現代の意識』〔一九二八（昭和三）年、三木③〕
『史的観念論の諸問題』〔一九二九（昭和四）年、三木②〕
『歴史哲学』〔一九三二（昭和七）年、三木⑥〕

三木の歴史哲学的思索の主要特徴

①「存在としての歴史」の根拠としての「事実としての歴史」

②「現在の重視」

③歴史的行為の重視

④自由と運命との結びつき

3　三木の人間学的研究

(1)はじめにその主要著作をあげる。

『パスカルにおける人間の研究』〔一九二六（大正一五）年、三木①〕

「人間学のマルクス的形態」〔一九二七（昭和二）年『思想』に掲載、『唯物史観と現代の意識』の中の第一論文〕

「哲学的人間学」〔未完成　一九三四（昭和九）～三六（昭和一一）年頃、三木⑱〕

「文芸的人間学」〔一九三九（昭和一四）年『文學』に掲載、一九四二（昭和一七）年『續哲学ノート』に所収、三木⑪〕

(2)その主要特徴

①中間者としての人間の研究

②主体の行為的自覚の立場
③身体性の重視
④人間の歴史性・社会性
⑤制定的人間のタイプ

4 市民的哲学者としての活動

さてこの二領域にまたがりしかも一つに繋がる哲学的思索の現実的展開として、三木の時事的評論的活動が行われる。その評論は三木全集二〇巻中七巻を占め、分量が多くまた多面的であり、それを単にジャーナリスチックで三木の思想活動にとって副次的と見るべきではない。それは「現実の問題の中に探り入ってそこから哲学的概念を構成し、これによって現実を照明する」(三木⑰三三八〜九)という三木の姿勢の端的な現われであり、そこに三木の時代と社会への積極的働きかけを見なければならない。その活動は危機の切迫する晩年に近づくほど切実さをますように思われる。そこにみられる主要な思想的特徴をあげよう。

まず第一に、三木の鋭敏な現実的感覚と広い視界があげられる。それは歴史的・社会的感覚とも言ってよく、その鋭敏さは資質によるとも思われるが、三木の「人間学」はあくまで「現実的人間の研究」

（三木⑤七八）を目指すものであり、現実との取り組みの中で獲得された鋭敏さであったことが看過されてはならないだろう。

また三木の視界の広さは、自国の出来事や文化・思想を孤立的にまたは自国中心的に見ず、世界史的連関の中で捉えようとするところに示されている。そこでは三木の第一次大戦後間もなくのドイツ留学経験が役立っていると思われる。しかしそれだけではなく、そこには人間性が人類性であり、民族的文化は個人の自発的活動の媒介を通じて人類的意義をもつとする、三木の人類的普遍的観点が基本的に示されている（例えば三木⑩二八二～四）。この個人の活動を通じての民族の内なる人類的普遍の追求という基本的観点は、厳しい戦時下の条件の中で最後まで放棄されなかった。

次に非合理主義への反対の立場があげられる。三木がパトスという言葉を好んだことはよく知られている。三木はパトスの住処である「一つの闇」が自分の内にひそむことに気づき、そのデモーニッシュな力につき動かされるようにして思索した。しかし三木はパトスの力にだけ従ったのではなく、他面ではあくまでロゴス化を追求した。

一九三二、三三年頃からファシズムが不安の思想などの「非合理主義的傾向」として急激に台頭した時、三木はそれに強く反対した。その思想の源である当時のドイツ哲学について思考の「しなやかさ」の欠如を指摘し、もっと「現実的」で「弾力的」でなければならないとした。また「哲学が非合理主義的であることはある意味では哲学の自殺である」とも言った（三木⑩三九七、三九四）。そしてパトロギー的見方に対する「ロゴス的意識の固有の力と権利」が取り戻される必要があるとした（三木⑩三〇八）。三木の思想は構想力によるロゴスとパトスとの統一を目指すものであり、これが一つのきっかけとなって「新しい形」の創造のための哲学的模索がつづく。なお三木のファシズムに対する反対は強く、一貫しており、反封建主義、反国粋主義の観点とも繋がっている。

三番目に、公平な批評的精神がある。評論活動は批評なしにありえないが、三木の批評には基本的に開かれた姿勢がある。それは在野の思想家としてのプライドと結びついている。その批評は自説の正しさの独断的主張ではなく、自由精神の探求に基づく言論であり、相手の言論をも同様なものとして扱おうとする。そしてそれは何よりも広く公衆に向かっての語りかけである。そこに公衆の面前で正々堂々と競技するフェアープレイの精神が働く。

三木は「哲学の衰頽」について、学会はあるが学界はないといい、学界の条件としてパブリックであることをあげて、批評の自由は共通の関心となる問題の存在とともに、「パブリックというものがなければ現実に存在しえない」と言う（三木⑩二六三〜二六五）。パブリックとは開かれた思想空間であり、関心があるものは誰でも参加できるだけでなく、そこでは「すべてが批評する者であると共に批評される者である」（三木⑫一一二）。そしてそこに思想の真の活力と豊かさが生じるとされる。また批評に関して、「プルラリズム」と「リベラリズム」との結びつきの中でジャーナリズムが発達する（三木⑫九四）、という注目される言葉もみられる。

最後に、それらを貫く三木の市民の立場をあげよう。これは大したことでないと思われるかもしれない。田中美知太郎は三木を「一種健全な市民精神」の持主とみているが（三木⑬三八二）、そのことの意味を私はもっと積極的に解したい。

「デカルトと民主主義」（一九三七〈昭和一二〉年）という小文の中で三木は言う。デカルトは「極めて穏和な市民」であり、彼は「市民的生活で使われている言葉で彼の哲学を述べた。商人の言葉、婦人の言葉は、今や哲学の言葉となったのである。」そして「あらゆるものを疑う自由な精神、ただ理性の指導にのみ従う合理的精神、そして良識はすべての人間において平等であるという思想、これらのものこそ実に近代民主主義の根本精神である。デカルトと民主主義との関係は極めて深い所に横たわっている」（⑬三〇七〜八）。この文章は晩年の「デカルト覚書」（一九四一、四二〈昭和一六、一七〉年脱稿、一九四二〈昭和一七〉年『文學界』二月号掲載）に受け継がれている。そこでは「秩序に従い、一歩一歩漸を追うて進むことは、デカルトの学問の方法の根本で」あり、この秩序の尊重がまたデカルトの道徳の根本であったという（三木⑩五一四〜五）。

そこには三木の近代民主主義の精神に対する積極的な評価がある。他でも三木は「今日の時代を救う思想は、最も広い意味でのデモクラシーであると私は考える」（三木⑳二〇九）、と言う。三木にとって市民とは、そうした近代民主主義の根本精神をうけつぐ者を意味しよう。それはまた自らの自発的活動によって自己の属する秩序を作りかつそれに進んで従う者を意味しよう。デモクラシーの発達は言論の発達と不可分とされたから、言論の自由はデモクラシーの発達のための不可欠の条件と考えられていた。

だが三木の活動の自由は極度に狭められていった。最後に引用した三木の述べるデカルトの秩序尊重の生き方には、晩年の三木自身の生活の姿勢が重ねあわされているように思われる。三木によるデカルト『省察』の翻訳は三木の取り組んだ最後の仕事となった。

日本は民主主義と市民的自由の根本的再建のために厳しい敗戦の試練を受けなければならなかった。私たちは、三木が「艱難なる、紆余曲折せる生活のために尽くすこと」(三木⑫一〇六)を惜しまず、先駆的な市民的哲学者として苦闘したことにあらためて思いをはせ、この稿を閉じる。

3 哲学の外に出る哲学の可能性の探求
——三木清を切り口として

平子友長

はじめに本稿の目的は、「語られざる哲学」(一九一九年)から遺稿「親鸞」(一九四三?～一九四五年)までを貫く三木清の哲学的営為を「哲学の外に出る哲学」として特徴づけることにある。「哲学の外に出る哲学」とは、日常生活の諸問題を超越論的に基礎づけられた哲学的諸原理の応用問題として扱うのではなく、具体的状況に即してその都度最も適切かつ批判的な言説を発信してゆく哲学、そのために繰り返し哲学に立ち返り、それをスプリング・ボードとして再度具体的現実に鋭利に切り込んでゆく哲学のことである。ソクラテスから一八世紀までの(哲学が大学の講座として制度化される以前の)フィロソフィーとは、元来、そういう知の営みであった。

1　『パスカルにおける人間の問題』の主題

三木がハイデルベルク大学に留学し新カント派の領袖リッケルトに師事し、ついでハイデガーの講義を聴講するためにマールブルク大学に移った経緯は、三木もまた西洋の最先端をゆく哲学者たちの講筵に列したいという願望を同時代の日本人留学生たちと共有していたことを示している。三木の独自性は、新カント派、現象学、生の哲学、存在論など二〇世紀初頭のドイツを代表する哲学諸潮流から大きな影響を受け、最新の哲学理論を旺盛に摂取していたにもかかわらず、どこかそれらに満たされぬものを抱き、留学中最後の滞在先パリで偶然手にしたパスカルの『パンセ』に魅了され（一九二四年冬）、その後『パンセ』に関する研究に専念したことである。『パスカルにおける人間の研究』は、三木がパスカルに託して三木自身の哲学観を表明した作品である。処女作で表明された哲学とは次のような哲学であった。

三木が求める哲学とは「生の存在論」であり、それは「人間の研究」すなわち「アントロポロジー」を不可欠の構成要素として含む。「『パンセ』において我々の出逢うものは意識や精神の研究ではなくして、却って具体的なる人間の研究、即ち文字どおりの意味におけるアントロポロジーである。アントロポロジーは人間の存在に関する学問である。……『パンセ』を生の存在論として取り扱おうとすることは私の主なる目論見であった」（三木①四）。第二に、「生の存在論」それ自体が人間の生の一つの存在様式である。「哲学そのものもまた生のひとつの存在の仕方に外ならない」（三木①四〇）。第三に、「生の存在論」は体系化を拒否する哲学である。「我々にとって最も主要なことは、生の発見であって、論理的に齊合した体系ではないのである。パスカルが『哲学を嘲ること、それが真に哲学することである』と云ったのはこの謂であろう」（三木①四一）。

ここでパスカルに託して述べられたことは、そのまま三木自身の哲学的思索への態度を表している。「哲学にとって「最も主要な」課題は、「生の発見」であって、「論理的に齊合した体系」ではない。「哲学の体系」は、「終結的なる妥当的命題」を構築することによってかえって「具体的なる事実へ接近すべき道を阻み遮る」危険に満ちた営みである。「具体的なる存在をひと思いに抽象して、これを絶対確実と見なされる一定の存在の領域へ還元する」ことは、生の現実を「先回り」して究極的な答を見いだそうとする抽象的思考の「性急さ」に由来する。哲学の課題は、「存在に対する新しき道を開きつつ、みづからはどこまでも問にとどまる」ことにある（三木①四〇〜四一）。

ここから三木の哲学の第四の特徴が導き出される。それは「哲学の外に出る哲学」である。この哲学は、哲学の外部を探求するために哲学自身の限界を自覚する哲学であった。

パスカルの考え方の最も著しい特徴はそれの具体性にある。……理論と事実とが衝突するとき、事実の前に屈すべきは理論である。……デカルトの自然哲学に反対して掲げられたこの『経験の優位』の思想は、人間の研究の領域においては更に一層高く高調されねばならぬ。人間に就いての学問にとって肝心なことはもっともらしき体系を樹てることではないのである。……生についての真の認識はつねに生と交わり絶えず生と対質することによって得られる。『生の日常［と］の対話に由って生まれた思想』こそ人間の存在に関する生ける知識である。（三木①一〇六～一〇七）

「理論と事実とが衝突するとき、事実の前に屈すべきは理論である」という命題は、たんに経験的事実の優位を意味する経験主義ないし実証主義を主張するものではない。むしろ、ある哲学理論を構築することが、その理論と「衝突」する事実の前に人々を導くことによって新しい生の自覚へと促してゆく往復プロセスである。「つねに生と交わり絶えず生と対質すること」によって哲学と日常的生の双方が高められてゆくような哲学、これが三木の希求したそれ自身生の一つの存在様式としての哲学のありかたであった。この哲学は、哲学の外部に存在する日常的な生の諸問題により密着しているさまざまな知の諸形態（社会諸科学、政治・文化・思想・文学などの評論、時事評論、エッセイ、随想）をむしろ主要な仕事場とする哲学である。この意味で、三木の哲学的主著というべきものは、『構想力の論理』（未完）、『歴史哲学』、『哲学的人間学』（未完）などの狭義の体系的哲学書ではなく、時代が提起したさまざまな諸問題に対して短文の形式で綴った膨大な評論や論文のうちにある。哲学的著作に限ってみても三木は、『哲学ノート』、『人生論ノート』などのエッセイにおいて秀逸な名作を遺したが、哲学の体系化を自覚的に追求した試みはことごとく未完に終わっている。それは、哲学を未完の問のままに据え置くという三木の哲学理解の核心に基づいている。ここに三木と京都学派に属する他の哲学者たちとの哲学観の決定的差異がある（三木の立場に最も近いのは戸坂潤であろう）[1]。

哲学の外部に出る哲学はもう一つの外部として宗教を持つ。この哲学は、宗教的問を彫琢する努力を重ねつつも、宗教的問にたいする究極的解答を哲学の次元において（宗教になりかわって）提出することを戒める哲学、つまり宗教哲学を構築することを禁欲する哲学であった。これが哲学の限界を自覚するもう一つのあり方であった。

感性 sens、精神 esprit、心情 coeur の三者は……人間の具体的なる存在の仕方そのものを規定する概念である……。……哲学は三つの秩序のうち精神の秩序における生のものであって、この秩序に固有なる理解の仕方によって限定された生の見方に外ならない。生の哲学は生の唯一の見方でもなければ、またそれの最も優れたるものでもないのである。身体の秩序と慈悲の秩序とにおける生はそれぞれ他の哲学ならぬ生の見方を持っている」（三木①一一九）。「人間の存在の全体を残り無く理解することは唯宗教の秩序においてのみ可能である。……生の全き理解は知ることと行うこととが相合し相擁する生にとってのみ可能である。この意味で生を完全に理解し得る如何なる哲学もない。生の哲学はただちに宗教の生活でなければならぬ。（三木①一二〇～一二一）

哲学は、「精神の秩序における生」であり、それが「感性の秩序における生」＝「身体の秩序」と「心情の秩序における生」＝「慈悲 caritas, charité の秩序」を媒介する位置を占めている。「精神の秩序」は言説の秩序と言い換えることができる。人々の社会生活の諸制度とコミュニケーションは、この「精神の秩序」によって支えられている。しかしこの秩序の土台には、非言説的な「身体の秩序」が存在する。身体が表出するものは感性であり、後年の三木の用語で言えばパトスである。この自然と接続する身体から発せられる感性的パトスの脈動を聴き取ることが、哲学の課題となる。他方、「人間の存在の全体を残り無く理解することは唯宗教の秩序においてのみ可能である」とあるように、「宗教の秩序」への回路を適切に切り開くことが、哲学のもう一つの課題である。「宗教の秩序」はまた「心情の秩序」でもある。「心情」もまた、感性とは異なる次元でパトスである。それは宗教が本質的に、生の苦しみの体験とそれの罪としての自覚から発しているからである。それは、自らも苦しみつつ、自分よりもさらに苦しみ悩める人々への「慈悲」の心を失わない。三木にとって哲学は、「身体の秩序」における感性的パトスを「慈悲の秩序」における心のパトスへと送り届ける「精神」の営みであり、そのことによって自然および人間の救済と深いところで結びついている身体的感性への畏敬の自覚を涵養することであった。パトスに仕えるロゴス（哲学の限界の自覚）、この思考態度は三木の生涯を貫いていた。

2 マルクスの哲学と三木の哲学の親和性

マルクス独自の哲学は、ヘーゲル哲学の批判を通して、しかし常に唯物論をも含めた哲学一般の批判として遂行された。マルクスの哲学批判の要点は、哲学（ないし科学）が経験的現実的世界から自立化した一つの哲学（科学）的世界を構築し、抽象的思考によって「諸範疇」、「諸概念」の体系を作り上げ、これらを対象の如何にかかわらず妥当する普遍的法則として定立することによって真の理論的認識が得られると見なす哲学（科学）観を批判することに向けられた。

マルクスは、認識主体を世界の外部に自立させ、世界に対する主体の認識的関わりを世界の中での主体の生の全体過程から自立させる知の営みを「抽象的」と呼び、このように自立化した認識主体が一面的に認識対象として定立された世界に対してとる態度を「観照 Anschauung」ないし「観想 Theorie」と呼んだ。マルクスによれば、フォイエルバッハの唯物論も含め従来の唯物論はこのような「抽象的」思考を前提としていた。それゆえ哲学的唯物論は、「哲学」というエレメントの内部で観念論といかに激しく対立抗争していたとしても、それが「哲学」という本質的に「抽象的」思考の場面にとどまる限り観念論なのである。

マルクスの「実践」、「実践的」という用語は、「観照」ないし「抽象（的）」に対置される概念であるが、この概念の要諦は、主体（認識主体および政治的変革主体）を客体＝対象（「普通の人々」からなる社会）から「抽象的に」切り離さないために、前者を後者に不断に送り返してゆく立場を表現する概念であった。これがマルクスの唯物論が実践的唯物論と呼ばれるゆえんであった。

マルクス主義にとって最大の不幸の一つは、本来科学者の認識主体としての歴史的社会的制約を科学者本人に向かって主体的に反省を迫ることを趣旨としていた唯物史観が、このような主体的反省を欠落させたまま、自然および社会現象を合法則的に認識するための科学的方法として解釈され、「科学的」であることにマルクス主義の優位性を見いだす思想態度（「科学的社会主義」）がマルクス主義の伝統として形成されてしまったことである。唯物史観の諸命題を、認識主体を認識対象の外部に自立化させた上で、認識対象にのみ適用すれば、唯物史観はいわゆる「経済決定論」となる。元来現実的諸個人の生活実践に対して当事者にとって不可視の「法則性」を「事前決定」する知の僭越＝「先回りする知」を批判・克服するための方法であった唯物史観が、それの「科学主義的」利用においては、認識主体（歴史法則を認識する研究者）と認識対象（歴史法則によって支配される人々）との分断を固定化する方法に逆転してしまった。

マルクスの生涯は、一九世紀西洋における哲学的知のあり方の変質（モラル・フィロソフィーから実証的諸科学の超越論的基礎付けへの変質）と批判的に対決し、「哲学の外に出る哲学」を遂行する一つの試みであった。「哲学の外に出る哲学」を構想する点においてマルクスと三木は同一の地平に立っていた。

主観主義と客観主義、唯心論と唯物論、能動的活動 Thätigkeit と受苦 Leiden は、社会的状態[2]になって初めて、……両者がそのように対立しあって存在するあり方をなくすことがわかる。理論上の諸対立それ自体は、ある実践的な仕方、人々の実践的なエネルギーによって初めて、解決されることができ、従って理論上の諸対立を解決することは、認識の課題には留まらず、一つの現実的な生の課題なのである。哲学は現実的な生の課題であるものを単に理論的課題にすぎないと捉えたがために、哲学はこの生の課題を解決することができなかったのである。(『経済学・哲学草稿』第三ノート、*MEGA* I/2: 271 傍点はマルクス)

「実践的」とは、「現実的な生の課題」(社会的な貧困、差別、苦しみなど)を「理論的」ではない仕方で解決することを意味する。もちろんそのためには、理論が必要ではあるが、それは「現実的な生の課題」を具体的に記述し、分析し、総合する経験科学的な理論でなければならない。マルクスは、「現実的な生の課題」を抽象的諸概念の操作によって「解決」する哲学(哲学的唯物論も含め)と、明確に訣別したのである。この意味で、マルクスにとって「哲学と訣別」することと実践的唯物論の立場に立つこととは矛盾しない[3]。

3　三木清のマルクス主義哲学構想——歴史的存在論としてのマルクス主義

三木がマルクス主義に積極的に関わるようになったのは、三年五か月におよぶ留学を終えて帰国した一九二五年一〇月以降の時期であった。この時期は福本和夫の「社会の構成並に変革の過程——唯物史観の方法論的研究——」が公刊される時期（同年一一月）と重なり、日本においてマルクス主義に対する理論的関心が知識人や学生の間に一気に高まった時期であった。一九二六年六月から三木は、西田幾多郎の推薦により河上肇のためにヘーゲル弁証法の研究を指導し、同時に唯物史観の研究に着手し始めた。帰国後一年半程の研究成果を三木は、「人間学のマルクス的形態」（『思想』一九二七年六月）、「マルクス主義と唯物論」（『思想』同年八月）、「プラグマチズムとマルキシズムの哲学」（『思想』同年一一月）を発表し、一九二八年五月にはそれらを収録した『唯物史観と現代の意識』（岩波書店）が公刊された。

一九二六年リャザノフによって『ドイツ・イデオロギー』第一部第一章「フォイエルバッハ」が公刊された。エンゲルスの哲学観ともレーニンのそれとも異なるマルクス独自の哲学観（哲学一般の批判としての実践的唯物論）の存在を証明する文献が、これによってマルクス研究史上初めて研究者の手に委ねられた。日本における独創的なマルクス主義哲学研究はリャザノフ版『ドイツ・イデオロギー』の刊行によって初めて可能となった。三木は、岩波文庫に収録された『ドイッチェ・イデオロギー』（一九三〇年）の訳者でもあった。三木が、それ以前にエンゲルスやレーニンの哲学的諸著作の洗礼を受けていなかったことは、三木が彼らの理論的枠組みから自由にマルクスの哲学それ自身を直接に研究対象として解釈することを可能にした。

三木のマルクス主義哲学理解の特徴は、マルクス主義哲学を唯物論の二〇世紀的形態として把握し、マルクス主義を独特なタイプの歴史的存在論として構想した点にあった。あらゆる理論・思想・哲学は、人びとの社会的生活＝社会的存在のただ中から歴史的に生成する。歴史的存在から理論が分節化されて形成されることを三木は、「歴史に於いて存在は存在を抽象することによって理論を抽象する」と表現した。三木は、自分の理論も含めあらゆる理論を、存在によって歴史的に抽象されて生成したものとして「イデオロギー」として把握し、あらゆる「イデオロギー」の存在からの「歴史的抽象」の過程を探求する学を「理論の系譜学」と呼んだ。三木はこの系譜学を具体的に遂行する方法概念として「基礎経験」「アントロポロギー（人間学）」「イデオロギー」という概念系列を提起した。

「基礎経験」とは、理論が歴史的存在からまだ分節化されず、歴史的存在そのものに埋め込まれている状態であり、諸個人の経験ではあるが、あらゆる認識の前提となる主観・客観の区別の導入以前における経験、日常的慣習的実践と区別されない経験であり、その意味で一つの存在的範疇である。「アントロポロギー」とは、理論が歴史的存在から分節化されるその瞬間に着目して、それを歴史的に分節化＝「抽象」されつつあるその初発の直接的形態において把握する方法概念である。「アントロポロギー」は、諸個人が各人の人生において出会った諸々の経験をその当人に即して解釈（つまり「歴史的抽象」）したものであり、いわば固有名詞を付せられた各人固有のロゴスである。

さらに、この「アントロポロギー」としてのロゴスを制約していた固有名詞的各人性が捨象（匿名化）され、ある程度一般的に妥当する言説の姿で表現されること、これが「第二のロゴス」としての「イデオロギー」である。「イデオロギー」は、ある特定の時代・場所の思想形態として存在からの「歴史的抽象」をなし終えた諸言説であり、それらは議論され、批判され、流通して行く。イデオロギーを媒体として初めて公共圏が形成される。「経験を救うというロゴスの課題は、それが客観的なる公共性を得ることによって初めて満足に解決される」（三木③一一）。

「基礎経験」、「アントロポロギー」、「イデオロギー」は、没歴史的形態を纏って登場するあらゆる理論形態の歴史的限定的性格を解明し、諸理論をそれらが流通している時代・場所における人々の社会的実践の脈絡の中に位置づけるために導入された方法概念であった。

マルクスの唯物論哲学をラディカルな歴史的存在論として把握し、自己が拠って立つ哲学理論さえもその理論が埋め込まれている歴史的生活世界の内部における実践的利害関心との連関の中でその理論としての（歴史的に限定された）存在意義を確証しようとする三木の立場は、ひとたび発見されて以降は、歴史的限定を越えて普遍的に妥当する「科学的真理」の体現者として自己規定していた当時のマルクス・レーニン主義とは基本的に相容れなかった。一九二八年から一九三〇年にかけて服部之総と栗原百寿によってマルクス・レーニン主義の立場から三木清のマルクス解釈に対する激しい批判が展開された[4]。

三木は、共産党に資金を提供し、それが共産党内のスパイを通じて特高警察に通報され、その嫌疑により豊多摩刑務所に拘留され（一九三〇年五月～一一月）、これによって法政大学教授の職を奪われた。

三木が拘留中の同年七月、共産党の指導下にあったプロレタリア科学研究所は中央委員会を開催し、三木を「社会ファシズム」への道を準備する「社会民主主義」のイデオローグとして断罪し、『プロレタリア科学』編輯委員長および唯物弁証法研究会委員長の職を解任した。三木自身は、このような不当な待遇を受けた事に対して一言も抗弁することなく、この後マルクス主義と袂を分かっていった。三木がマルクス主義と積極的に関わった時期は、一九二六年から一九三〇年にわたるわずか四年間であった。三木のマルクス理解はマルクス・レーニン主義者のそれよりもマルクス本人の思想を正しく理解していたことは、本論で示した。たとえマルクス主義の名において三木に対する批判がなされたとしても、マルクスとは異なる思想的立場（マルクス・レーニン主義）からの批判であったので、三木はそれまでの見解を変更する必要がなかった。

しかしこれ以降三木は、マルクスおよびマルクス主義に対する直接的言及を控えるようになった。三木の次の著作『歴史哲学』（一九三二年四月）は、マルクス主義からの転向の書として受け止められ、三木の人生のいわば第二章がここから始まった。筆者は、にもかかわらずそれ以降の三木の哲学的立場も「哲学の外に出る哲学」として一貫していることを、別の論文——平子（二〇〇八）および（二〇一三）など——で示した。

註

（1）三木清と戸坂潤の哲学構想の連続性を論じたものとして平子（二〇〇六）がある。

（2）「社会的状態」とは、資本主義を止揚した状態（当時のマルクスの用語でいえば社会主義）を意味する。

（3）マルクスの実践的唯物論の基本的性格については平子（二〇〇〇）を参照。

（4）マルクス・レーニン主義者による三木批判の論理と三木のプロレタリア科学研究所からの追放の顛末については平子（二〇〇六）を参照。

参照文献（配列はアルファベット順）

Marx, Karl (1982), *Ökonomisch-Philosophische Manuskripte*. Karl Marx/ Friedrich Engels, *Marx-Engels-Gesamtausgabe* (*MEGA*), I/2, Dietz Verlag, Berlin.

Marx, Karl/Engels, Friedrich (2004), *Die Deutsche Ideologie*. *MEGA* I/5, De Gruyter, Berlin.

マルクス・エンゲルス（一九三〇）『ドイッチェ・イデオロギー』（リヤザノフ編、三木清訳）、岩波書店。

平子友長（二〇〇〇）「『資本論』の弁証法」、『資本論体系　第1巻　資本論体系の成立』有斐閣。

――（二〇〇六）「戦前日本マルクス主義の到達点――三木清と戸坂潤――」、岩波講座『「帝国」日本の学知』第8巻「空間形成と世界認識」（山室信一編）、岩波書店。

――（二〇〇八）「三木清と日本のフィリピン占領」、清眞人、津田雅夫、亀山純生、室井美千博、平子友長『遺産としての三木清』同時代社。

――（二〇一〇）「昭和思想史におけるマルクス問題――『ドイツ・イデオロギー』と三木清」、日本哲学史フォーラム編『日本の哲学』第一一号、昭和堂。

――（二〇一三）「三木清『構想力の論理』における構想力の概念とその活用」、日本哲学史フォーラム編『日本の哲学』第一四号、昭和堂。

――――（二〇一四）「三木清の思想の基本構造と問題点」、『季論21』第二四号。

――――（二〇一五）「日本におけるマルクス主義受容の特殊性と主体性論争の意義」、日本哲学史フォーラム編『日本の哲学』第一六号、昭和堂。

――――（二〇一六）「戦前日本マルクス主義哲学の遺産とそのアクチュアリティ」、平子友長、橋本直人、佐山圭二、鈴木宗徳、景井充（編著）『危機に対峙する思考』梓出版社。

第Ⅱ部

三木哲学の展開

――「中間者」・「構想力」・「形」

4 「中間者の哲学」という課題——三木清と「環境」の問題

宮島光志

はじめに——三木清の“milieu”をめぐる思索

こうして奇しくも平成の三〇余年に終止符が打たれようとしている時機に、遠く過ぎ去りし昭和の世を懐かしみながら、改めて三木清の事績に思いを致してみた。私自身は昭和の後半三〇余年と平成を丸ごと生きてすでに還暦を迎えたが、三木は敗戦の日からほどなく、獄中で四八年に満たない生涯を終えた。その生き様はまさに「時代との格闘」であったといえよう。そうした中で三木独自の「環境」をめぐる思索が紡ぎ出されたものと私は見ている。

欧米先進国の例に漏れず、わが国でも高度経済成長と軌を一にして所謂「環境問題」が先鋭化した。だが、その「環境」という概念が日本で学術用語として使われ始めたのは、大正末期のことである。(1) その清新な言葉を逸早く取り入れて、洋行帰りの若き三木は果敢に歴史哲学を展開することになる。それに先立って、ハイデッガーに師事していた三木は、日本の友人に宛てた書簡で綴っている。「歴史哲学の重心はリッケルトなどの考へるやうな価値の問題にあるのではなく、むしろ"Ich und seine Umwelt"〔自我とその環境〕の問題ではないかと思ふ。歴史的存在の特性はUmwelt〔環境〕のAuslegung〔解釈〕にあるのではないか。このAuslegung〔解釈〕の種々なる方向とその間の関係を定めてゆくのが私の仕事ではなからうか」（一九二四年二月二三日付、森五郎宛、三木⑲二四九）。そうした問題について「自分の考へたところを少しずつノートしておる」とも記されており、その蓄積が最終的に体系的な著作『歴史哲学』（一九三二年）に結実したものと思われる。

ところが、同書における三木の「環境」をめぐる思索は、ドイツ語の"Umwelt"ではなく、フランス語の"milieu"概念に手掛かりを求めて展開された。すなわち、後述するように、イポリット・テーヌに由来する「環境milieu」概念を哲学的に掘り下げることになる。だが、他方で三木は、そのフランス語"milieu"をすでに処女作『パスカルに於ける人間の研究』（一九二六年、以下ではパスカル書と略称）の中で、鍵概念「中間者」として積極的に使っていた。その三木が後年、折しも『歴史哲学』で「環境」概念を哲学的に解明していた時期に、「『中間者の哲学』を展開することは将来に期しなければならぬ」（三木⑤五二）と書き残すことになったのである。

これら一連の事情から、同じ〈"milieu"をめぐる思索〉が、ときに「中間者の哲学」として主題化され、ときに「環境」概念の哲学的解明として具体化されたのではないか、と解釈しうる。そうした問題関心に立って、以下では『歴史哲学』までに限定して、三木清の〈"milieu"をめぐる思索〉を系譜学的に辿り直してみたい。

1　「中間者の哲学」の主題化――パスカル解釈の出発点

パスカル書の冒頭部で三木は『パンセ』の或る断章を解釈しながら綴る。「〔……〕自然に於ける我々の存在は「中間者」(milieu)である。〔……〕我々の身體は宇宙の全體の裡にあつてはさらに知覚し得ぬほどのものであるが、我々の到底到達し得ぬ虚無に對してはひとつの巨體、ひとつの世界、むしろ全體である。斯くして自然に於ける人間は、「無限に比しては虚無であり、虚無に比しては全體である、それは無と全とのあひだの中間者である」(72)」。さらに三木は一気に畳みかける。「人間が中間者であると云ふことは〔……〕被造物としての運命を担ふ人間の必然的なる状態に属する。中間者の名は人間性そのものに對する基本的なる表現である」(三木①一一f.)。この「中間者」を執拗に反復する筆の運びは何か異様な雰囲気に包まれているが、冷静に読み解けば、自然に於ける人間(身体)は無と全との中間者なのである。

このパスカルの人間観は、天才的な幾何学者による特異な見解ではなく、一個の人間としての反省に基づく。それゆえ、その観念は万人の胸に同様な感懐を呼び覚ますはずである。「我々が自然に於ける存在であり、中間的存在であることに即して、恐怖や戦慄、驚愕や感歎は我々の存在そのものに属する」のであり、周知の「この無限なる空間の永遠の沈黙は私を恐れしめる」（206）という「私語」はパスカルだけのものではない（三木①一三f.：だが、P・ヴァレリーはそれに異議を申し立てた[2]）。つまり、無と全との中間者である人間は宇宙に対して戦慄を覚えるのである。そうした根源的な感情を三木は「人間の存在論的なる原本的規定」や「人間的存在の状態性」と呼んでいる。

さらに三木の解釈は、この「自然に於ける存在」という「最も形式的なる規定を充實させ」るために、より具体的で現実的な「人間の存在性」へと向かう。「人間の存在は現實的存在である。それは世界を所有し世界はそれと共にそこにある。人間の存在性とはこの存在の高調された意味に於ける若くは優越なる意味に於ける存在の仕方である。パスカルはこれを一般に「魂」（âme）と呼んでゐる」（三木①一六）。こう前置きをして三木は綴る。「彼〔パスカル〕に従へば人間の魂の形式的なる規定は「中間者」であると云ふにある。ふたつの極のあひだの中間にあると云ふ状態は魂のあらゆる能力に於て見出される。我々の感官は如何なる極端なるものも知覚しない〔……〕あまりに多くの眞理は我々を驚かせる〔……〕凡て極端なるものは我々にとつては全く無きが如きものである、或は我々はそれに對しては全く無きが如きものである。斯やうにその存在に於て中間者であつた人間はその存在性に於てまた中間者である」（三木①一六f.）。

この掘り下げは重要である。「存在に於て中間者」とは「自然に於ける存在」としての「人間の身体」

を指し、「存在性に於てまた中間者」とは「世界に於ける存在」つまり「魂」としての「人間の精神」を指す。三木自身の言葉では、「〔……〕知覚、思惟などと云ふことも世界に於ける人間の種々なる存在の仕方に外ならないのである。中間的状態は我々が世界に出逢ふ、或は我々が世界を所有する仕方の形式的なる規定である。その存在性が中間者であると云ふことは被造物としての人間に必然に属するからパスカルは、「中間的状態を離れるのは人間性を離れるの謂である」(378)、と述べてゐる。すなはち中間者の概念は特に存在論的なる概念である」(三木①一七)と結論づけられる。これでパスカル書における「中間者の哲学」に一区切りが付けられる。すなわち、中間者とは人間の魂(精神)に対する形式的な規定であり、世界の所有を含意するのである。

だが、三木の「中間者」をめぐる思索は、反復的にもう一歩を進める。「〔……〕中間的存在であることは人間の「不均衡」(disproportion)を表現する。蓋し如何なる極端なるものにも我々は等しくない。我々の両極をなす無限と虚無とは固定されたものでなくて〔……〕あたかも「深淵」であり、「不思議」である。したがつて世界の裡にある人間の存在に伴ふ根源的なる状態性は恐怖であり戦慄である。〔……〕人間の存在性が中間者であることは我々を無知と不確實とのうちにおく。されば、「我々はつねに不確かに漂ひながら、ひとつのはてから他のはてへと押流されて、廣き中間の上に波にもまれる」(72)」(三木①一七f.)。もはや人間は「宇宙」に対して戦慄を覚えるだけではない。自らの存在自体が寄る辺なく、不安定で、根源的な不安に覆い尽くされているのである。つまり、人間は中間者として不安定であり、動揺してやまないのである。

こうしてひとたび無の深淵を覗き込んだパスカル（と三木）は、その先を見据えるようにして結論づける。すなわち、「中間者としての人間が「正しき中間」（le juste milieu. 82）を、即ち安定ある均衡を得ることは、彼にとって所與でなく却て課題である。しかもこの課題は我々には偶然的でなくて、我々が中間的存在であることに依つて必然的にされてゐる。〔……〕動性こそ人間的存在の最も根本的なる規定である」（三木①一八）。つまり、中間者として浮動する人間にとって「正しき中間」を得て安住することが課題となる。ちなみに、本章の題目「「中間者の哲学」という課題」は、パスカル書で示唆された「「正しき中間」を得るという課題」と深く響き合っている。(3)

2　「中間者の哲学」の構造化――パスカルと超越の座標

前節では、パスカル書の第一章「人間の分析」を読み解いて、その要点をいくつか取り出してみたが、明快さを期して補足的な事柄をすべて割愛しておいた。また、じつは三木自身が同書後半の第四章「三つの秩序」で、より全体的に「中間者」の存在の仕方を構造化している。パスカル書の成立事情からすれば、むしろ第四章で三木の思索が深化していると見てよい。(4) ここで次節以降の理解に資する二つの事柄を補足し、さらには第四章の論点を簡潔に提示しておきたい。

まず、先の〈自然に於ける人間（身体）は無と全との中間者である〉との関連で、三木自身が「人間の存在を種々なる意味で中間者と考へることは古典的なる哲學に屢現はれてゐる。ここでは私はデカルトが人間を《medium》と呼んでゐるのを注意するにとどめよう（Descartes, Meditationes, IV.）」（三木①一二）と注記している。その当該箇所を後年、三木自身は次のように訳出している。「〔……〕私が恰も神と無との間の、すなはち最高の實有と非有との間の中間者をなしてをり〔……〕私が過つたのは不思議でないことに、私は気づくのである」（「省察四　真と偽とについて」岩波文庫、一九四九年、八一頁）。つまり、西洋哲学史上では人間がしばしば「中間者」として捉えられたのである。この点について三木は論考「哲学者の定義による人間」（一九三二年）の中で、パスカルとデカルト以外にもプラトンやアリストテレス、近代の主要な哲学者たちが人間を中間者と見なしてたとする。そしてM・シェーラーが二〇世紀初頭に五つの根本類型を区別したことに関連させて、形式的で包括的な「中間者としての人間」という規定の優位性を主張している。(5)

次いで、さらに〈無と全との中間者である人間は、宇宙に対して戦慄を覚える〉との関連で、三木の「但し書き」に注目したい。すなわち、「自然を對象化することなく然もこれが現實的となる種々なる可能性のあることは明かであつて、状態性とは斯くの如き可能性のひとつに對する名である。存在は最初にそして原始的には特殊なる所有を意味する。自然は我々に交り我々の交る存在である」（三木①一五）と三木は付記している。

パスカル書の第一章を読む者は随所で「自然」「宇宙」「存在」「世界」などの基本概念が無造作に混淆されていることに戸惑うであろう。そうした戸惑いと論難を見越しているかのように、三木はさらに次の補注を付している。「パスカルの意味する自然は単に状態性の関はる存在であるばかりでなく、またそれは實に人間の交渉に係はる存在であった。彼は云ふ、「人間は、例へば、彼の識つてゐる凡てのものに関係をもつてゐる。彼は彼を容れるために場所を〔……〕呼吸するために空気を必要とする。〔……〕要するに凡てのものは彼の交渉的関係のもとにおかれる」(72)。交渉は人間が世界を所有するひとつの仕方に外ならない。世界は我々にとって原始的には「對してある」存在ではなくして寧ろ「為めにある」存在である。それは對象界でなくて交渉界〔……〕である」(三木①一五f.)。つまり、中間者である人間は世界を所有し、自然と交渉しているのである。そうした理解に立つとき、本章が追究する《中間者と環境》の本質連関が多少とも顕在化してこよう。

最後に、パスカル書の第四章「三つの秩序」で展開された「中間者」をめぐる思索から、その結論だけを提示しておきたい。すなわち、中間者としての人間は「身体の秩序」から「精神の秩序」、さらには「慈悲の秩序」へと超越することにより救済されるのである。さらにそこから、人間は「身体の秩序」と「慈悲の秩序」の中間、すなわち「精神の秩序」を生きており、その意味でも「中間者」と見なされるのである。(6)

こうしてすでにパスカル書の段階で、三木清の“milieu”をめぐる思索は、《中間者と環境》のあわいで大きく浮動し、両義性を宿しながら、独自に構造化されようとしていた。

3 「交渉」と「環境」の交差——解釈学とマルクス主義

三木清が「環境」を優れて哲学的な概念として自覚的に取り上げた論考は「ディルタイの解釈学」（一九二八年）を嚆矢とする。そこでの「生とは先ず自我と環境との間の作用連関である」（三木②一七九）という書き出しは、本稿の「まえがき」で紹介した滞独期の私信に綴られた一節、「歴史哲学の重心は〔……〕“Ich und seine Umwelt”〔自我とその環境〕の問題ではないかと思ふ。歴史的存在の特性はUmwelt〔環境〕の Auslegung〔解釈〕にあるのではないか」と響き合う。そしてこの論考の「環境（Milieu）の概念は生の交渉によって成立する、即ちそれは「交渉的存在」の概念である」（三木②一八〇）という確信に満ちた論調は、先のパスカル解釈を超えて、三木が別の方向に一歩を踏み出した姿を予想させる。

たしかに「生の交渉（Lebensbezug）」という概念はディルタイの解釈学に由来するが、他方で同じ「交渉」（と訳される）概念がマルクス＝エンゲルスの著作でも頻出しており、三木はそれを「環境」概念と関連づけている。『唯物史観と現代の意識』（一九二八年）所収の「人間学のマルクス的形態」には、次のような引用文が含まれる。「マルクスも云つている、「（私の環境に對する私の関係——〔交渉的関係

Verhältnis〕――が私の意識である。〕」（三木③八）「「環境と人間的活動との変化の合致、あるひは自己変化は、ただ革命的実践としてのみ把握され且つ合理的に理解され得る。」〔……〕「環境と教育との変化に関する唯物論的学説は、環境が人間によつて変化されそして教育者自身が教育されねばならぬといふことを忘れている。〔……〕」」（三木③三二）。最後の引用文は三木が翻訳した『ドイッチェ・イデオロギー』（一九三〇年）の一節（フォイエルバッハに関する第三テーゼ）である。

こうして、ディルタイの解釈学とマルクス主義に親しんだ三木清は、人間の生（生活、生存）と環境（自然、社会）との関係性を「交渉」の概念によって把握したのである。

4 「環境」概念の哲学的解明――『歴史哲学』の一断面

ようやく『歴史哲学』（一九三二年）の第二章「存在の歴史性」で、三木は「環境」を主題的に論じることになる。すなわち、「状況（性）」は歴史学にとって構成的な範疇の一つであり、「一般に「ミリュウ」（環境）milieu なる名称をもって知られてゐる。凡て歴史的なものはつねに或る環境に於てあるのである」と前置きした上で、三木は「ミリュウの概念及びその理論は特にフランスの学者によって有名にされた。就中テエヌがその『英文学史』の序に於て、歴史的研究の方法を規定しつつ、歴史を作るに與る三つの主要な力として人種 race、環境 milieu 及び時代 moment を挙げたことは著名である」（三木⑥七三）と紹介する。[7] つまり、歴史学にとって「環境」は構成的な意味を持つのである。

続く系譜学的な考察によれば、テエヌ（テーヌ）の環境理論にはボダン、モンテスキュー、コントという先蹤者がいる。また、イギリスではベーコンが、そしてすでに古代ギリシアでもヒポクラテスが環境の重要性を説いていた。他方でドイツでも、ヘルダーが諸民族の歴史の形成が自然環境に依存することを詳述しており、その思想はK・リッターによって科学的に展開され、ついにはF・ラッツェルの人文地理学に結実した。[8]

三木が哲学者としての本領を発揮するのはその先である。独自の歴史哲学に基づいて一般的な「環境」概念の哲学的意味を闡明するために、三木は説き起こす。「ミリュウといふ語も色々に使はれてゐる。普通にそれは気候乃至風土等、地理的或は自然的環境の意味に用ゐられる。けれども環境の意味はこれに限られないのである。〔……〕『英文学史』の序に於ては風土、政治的事情、社会的状態の三つがミリュウの概念の内容として述べられてゐる。〔……〕実際、環境といふ概念はあらゆる存在をその中に包摂し得る。もしさうであるならば、それは恐らく世界といふことと同意義のものにならなければならなくなる。かくの如く普遍的な意味を有し得る環境なるものの最も一般的な且つ最も根本的な規定は如何なるものであらうか」（三木⑥七五f.）。つまり、包括的な「環境」の概念には、それを「世界」から区別する根本規定が必要なのである。その究明が三木の課題に他ならない。

この課題に答えるために、三木はまず問い自体をさらに先鋭化させる。環境は一般に「或る外的なもの」として考えられ、多くの場合、無雑作にそのように受け容れている。だが、「〔……〕環境は歴史的なものにとって構成的な意味を有するとすれば、それは単に外的なものとは云はれ得ない。〔……〕単に外的といふことは環境の根本的な規定であり得ない。〔……〕問題は寧ろ、外的とは何を意味するか、外的なものに對立せしめられる内的なものとは如何なるものであるか、といふことでなければならぬ」（三木⑥七七）。つまり、一般に「環境」が「外的なもの」であるとすれば、それに対して「内的なもの」が区別される必要がある。このように反転された原理的な問い答えるために、三木は三つの段階を踏んで環境概念を再構成しながら、さらに「環境」の構造化を試みる。

まず第一に「環境の概念は或る偶然性の概念を含んでゐる」として、「必然的なものがその存在の根拠との関係に於て偶然的として受取られたとき初めて、それは環境の意味を担ふことが出来る。それ故に事實としての歴史の立場に於てのみ環境なるものは成立する」（三木⑥七八）という出発点が確認される。つまり、環境は偶然性を内包しており、現実的な環境概念は「事実としての歴史」の立場によってのみ成り立つのである。(9)

次いで第二に、"milieu" の語は元来「中央」を意味し、そこから「周囲」を意味するようになったので、「何物かが中央となるのでなければ環境なるものもあり得ない。このとき中央にあるものとは如何なるものであらうか。〔……〕環境に對して中央にあるものとは「働くもの」と考へられないであらうか」（三木⑥七九）と推論される。つまり、周囲を意味する環境は、主体的事実（歴史）を中央として成り立つのである。

そして第三に、環境の所与性が強調される。すなわち、「〔……〕我々が何等かの活動を始めるにあたつては、必ずつねにそこに既に何物かが見出される。これは全く原理的な関係であつて、この関係こそ實に我々が中央であるといふことの意味であり、従つてそこに環境なるものが与へられる」（三木⑥八二）のである。しかも、すでに周囲に形成された環境を中央にある者は「手段」として利用しうる。つまり、「事実としての歴史」の立場から見れば、環境は道具連関を意味するのである。

以上の哲学的な解明を締め括るに当たって、三木は改めて環境概念の包括性に注意を促している。すなわち、「〔……〕事實としての歴史の見地からすれば、単に外的自然ばかりでなく、人間によって作られた凡てのもの、ひとり他の人間によつてのみならず自分自身によつて作られたものでさへが環境の意味を含んでゐる。實際、普通なされる如く、自然的環境のほかに社会的環境などいふものが数へられるとすれば、いつたい環境であり得ないやうな如何なる「存在」があらう。如何にしても環境とは考へられぬものは唯「事實」のみである。〔……〕主體的事實と客體的存在とが秩序を異にするにより環境の概念は生れるのである」（三木⑥八二ff.）[10]。こうして、三木の「事実としての歴史」という立場から見れば、主体的事実を除く客観的存在はすべて環境なのである。

おわりに——三木清から託された課題

『歴史哲学』と同年の論考「危機意識の哲学的解明」で三木は、先に見た「環境」概念の検討を承けて、まず「情勢」概念の検討を試みている。すなわち、「ミリュウ（環境）にとつてミリュウ（中心）であるものはもと客體の秩序に屬するのでなく、客體とは秩序を異にする主體でなければならない。〔……〕環境は主體にとつて外に或ひはそばにある。これに反して情勢においては主體はその內に、一緒にある、しかも內に或ひは一緒にといふことは、〔……〕動的な、對立的な關係を現はすのである」（三木⑤一六f.）。こうして「主體と客體との辯證法」が高調される。いまや靜態的で包括的な「環境」概念だけでは、動態的な現實の「情勢」や「危機」を捉え切れないのである。そして三木は『哲学的人間学』から『構想力の論理』に向けて、さらに「環境」概念の批判的な吟味を重ねていく。(11)

他方で三木は論文「形而上学の将来性について」（一九三一年）で回顧と展望を語る。すなわち、「人間が中間者であるといふことはまさに人間が矛盾に充ちた存在であることを現はしてゐる。中間的といふことは辯證法的矛盾的といふことである。中間者としての人間的存在の意味について最も深く考へたパスカルはかやうな辯證法的見方にまで到達した。私は私の書物『パスカルに於ける人間の研究』の中でこれらのことを示したつもりである」（三木⑤四五）。だが、いまや改めて「主体と客体との中間者としての人間」に即して、つまり「人間は単に客体でも主体でもなく、両者の中間者である。そして両者は弁証法的対立をなしている」（三木⑤四六）という立場から、より動態的かつ具体的に現実の人間と社会を捉えなくてはならない。その課題を確認した三木は、最後に「遺憾ながら私はいまあまりにプログラム的に語らねばならなかつた。「中間者の哲学」を展開することは将来に期しなければならぬ」（三木⑤五二）とだけ申し添えて、このトルソ的な論文を閉じている。

この結語はけっして逃げ口上ではなく、その後も三木は「中間者の哲学」を模索し続けた。挫折した『哲学的人間学』も未完の『構想力の論理』も等しくその課題に答える内容を含んでいる。[12]だが、三木清の早すぎた死は、彼が掲げた「中間者の哲学」の本格的な展開を将来の世代に期することになった。戦後の日本哲学が三木の遺志を継ぎ、その課題と真摯に向き合ったてきたかの検証を、若い世代の研究者に期待したい。

なお、三木清が構想した「中間者の哲学」を広く環境・生命・技術・制度などの現実的な諸問題に挑む実践哲学と理解するならば、現代の応用倫理学がその課題を引き受けて、各領域で真摯な議論を展開している。だが、それらを統合する理念とは、何であろうか。

註

（1）哲学分野に限れば、宮本和吉他編『岩波哲学辞典』（初版、一九二二年、岩波書店）で初めて「環境（英 Environment　仏 Milieu　独 Umbebung）」が立項されている。先行する各種の哲学辞典における「環象」「囲繞界」「外囲」などの過渡的な訳語に対して、この辞典で「環境」が定訳として勝利を収め、すでに大正末期には哲学用語としての地歩を固めたものと見られる。なお、この言葉が実際に日本社会で広く使われ始めたのは、もう少し遅れて、一九三〇年頃と見なすこともできる。中岡成文「〈境界〉の制作——三〇年代思想への接近」（『思想』八八二号、一九九七年、四九～六八頁）を参照。

（2）野家啓一は、ヴァレリーが『パンセ』の一句による変奏曲」（一九二三年）でこの恐怖を「パスカル反応」と呼んで揶揄した経緯を引き合いに出して、たとえ時代背景を考え合わせても「彼〔ヴァレリー〕の発言はいささか科学主義的反応と言わざるをえない」と、上品な皮肉を込めて切り返している。二〇世紀後半では、地球温暖化などを通じて、「人間もまた宇宙を含む「環境内存在」であることが明らかになっている」からである。野家はその延長で、パスカルの「中間者」という人間観（人間の自己認識）は「知識の領域」にも適用されるとして、そこに近代社会における「自然の秩序」と「価値の秩序」の分裂を読み取り、それら両方の秩序を改めて「生存の秩序」へと統合する「コスモロジーの復権」に希望を託している（『はざまの哲学』、青土社、二〇一八年、三二～三七頁）。すでに「はざま」を冠した書名が暗示しているように、野家の著作は随所に、三木清が構想した「中間者の哲学」を継承し、発展させる内容を含んでいるように思われる。ちなみに、市川浩の『〈中間者〉の哲学——メタ・フィジックを超えて』（岩波書店、一九九〇年）でも、三木清を引き合いに出すことなく、「身体」「環境」「言語」「制度」などが、断片化した〈中間者〉である人間が自己と社会を形成するプロセスとして論じられている。

（3）　三木はアリストテレスが徳の本質規定とした「中庸 mesotes」を念頭に置いている。なお、三木が『人生論ノート』で「節度」を重視していることも想起されてよい。

（4）　赤松常弘はパスカル書の中で三木の思想が次第に深化を遂げていると見る（『三木清――哲学的思索の軌跡』（ミネルヴァ書房、一九九四年、一二〇～八頁）。筆者も同様の見解に立つが、それを裏づけるには、パスカル書の各章について、初出形態（『思想』掲載の原型）と最終形態（単行本の初版）とを対照する、文献学的な検証も必要となる。

（5）　パスカル（ミリュウ）とデカルト（メディウム）の他に、プラトン（メタクシュ、存在と非存在との中間者）とアリストテレス（メソン、中庸）、デカルトとスピノザ（アクチオとパッシオ）やカント（感性と悟性の両要素から人間的認識が成立）が取り上げられている（三木⑩二七三～二七九）。なお、M・シェーラーによれば「小宇宙（ミクロコスモス）としての人間」こそが最も包括的で開放的な人間理念であるが、三木はその「小宇宙」理念に言及していない。シェーラーの「小宇宙」理念は〈大宇宙と小宇宙の交感〉を予想させるが、三木の「中間者」は何重もの分裂と矛盾対立を宿している。両者ともパスカルの「心情の論理」に訴えて「秩序づける思想」を展開しているが、両者には埋めがたい溝がある。

（6）　「特に人間的なる生はむしろ身體の秩序と慈悲の秩序との間にある。ここに我々はまた人間の存在が特殊なる意味に於て中間的であるのを見出す。パスカルの有名な言葉を用ゐれば、「人間は天使でもなければ獣でもない」（L'homme n'est ni ange ni bête, 358）」（三木①一二二）。なお、パスカルは本書で人間の中間的状態を「兩重性duplicite」とも呼んでいる。

（7）　文芸理論上でテーヌが「環境」を重視したことは我が国の思想界で夙に知られていた。先に註（1）で紹介した『岩波哲学辞典』（一九二二年）の項目「環境」には、「芸術の発達、隆盛、衰退は、生物の現象と類比的である所から、生物学上に所謂環境（＊外囲）の概念は、往々にして藝術の歴史的現象を説明する場合に應用せられる。〔……〕テイヌは芸術を規定する主要素として、時代と人種と環境との三つを挙げているが、これに対してはギョーやブルンチェール等の批評がある。」と解説されている（執筆は美学の大西克禮）。

(8) ちなみに、和辻哲郎は『風土──人間学的考察』（一九三五年）の第五章で「風土学の歴史的考察」を展開した（その原型は一九二八年一一月から翌年一月にかけて『思想』に掲載）。三木が略述した環境理論の系譜学は、和辻の歴史的考察を連想させる。

(9) 三木が提示した「事実 Tat-Sache としての歴史」という概念を「身体的行為と環境」に関連づけた解説として、赤松の前掲書（一八五〜九二頁）を参照。

(10) 最後の「秩序を異にする」という表現は、パスカル解釈の第四章「三つの秩序」で積極的に用いられていた。それは「身体の秩序」から「精神の秩序」を経て「慈悲の秩序」に至る「超越」を説明する鍵概念であり、謂わば「超越の座標」を画している。

(11) 中岡論文（註（1））は「三木清の環境論」に着目して、プラグマティズムの環境論（主にデューイ）と西田幾多郎の環境論（ホールデーンの生命論から影響を受けており、無の論理に至る）が主要な背景をなすと見ている。そして「少なくともある時期の三木にとって環境の概念が枢要な役割をもっていた」として、特に『哲学入門』と『構想力の論理』「経験」を例に挙げている（五八頁）。

(12) 唐木順三は長年に及ぶ三木との交友を回顧ないし再構成しながら、独自の三木清論を残した（『三木清』、筑摩書房、一九六六年）。唐木は「中間者」概念を主題的に取り上げており、それが遺稿『親鸞』に至る三木の宗教性を理解する鍵概念であると解釈している。

5 三木パトス論の問題構造

清 眞人

1 問題設定——具体的哲学は貫徹されたのか?

三木清はその『哲学的人間学』のなかで「具体的な哲学に対する飽くことなき要求こそ実に人間学の根本的動機である」と述べた(1)。つまり、人間が他の動物と比較にならない鋭い自己意識性、想像力、知性、意味欲求、等々をもつがゆえに、その情動の持ちようにおいて、したがってまたその活動(まさに固有に「行為」と名付けられる)においても如何に人間特有な問題を抱え込むことになるか、その問題性を何よりもわれわれが「今とここ」で直面している切実な問題の具体相をとおして展開すること、かかる抱負こそ、三木人間学の、ひいては彼の哲学的思索の総体がつねに志向した抱負であり自負であった。一九三二年の『歴史哲学』から『哲学的人間学』(一九三七年)を経て『構想力の論理』(一九四三年)へと急迫する後期三木の最後の十数年はまさにこの抱負の実現に捧げられたのであった。

彼のパトス論も、創造的行為論も、それと不可分な表現論も、「人間と動物との間の最初の区別をなすのは理性であるよりは構想力（imagination）である」というジョーウエットの説に同意して、「構想力の根源性」というテーゼから出発する『構想力の論理』の画期的な人間学も、[2] その存在論的基底をなす西田幾多郎に依拠した「創造的無（東洋的無・無の一般者）」の概念も、[3] あるいは哲学的思索の根本的方位を「科学」の基礎づけ作業から転回して「より具体的に『経験』即ち生ける人間の具体的経験の方向に求める」というカントの「判断力批判」の志向の直系たることを目指す彼の「経験」的立場も、[4] それら彼の後期を特徴づける諸モティーフはみな右に述べた抱負と自負の中核に姿を現す。

ところで、まさに本論考が掲げる問いとは、そこで展開された三木の思索は今なおよく――つまり私の理解する現代的水準からするなら――くだんの「具体的な哲学に対する飽くことなき要求」にかなうものとしてあるや否や、という問いにほかならない。

かく述べる場合、評価を下すさいのいわばリトマス試験紙の役割を、私は次の問題系に負わせることにしたい。

すなわち、こうである。――人間を行為へと突き動かす根本的エネルギーは情動である。とすれば、三木の掲げる「人間学」の具体的・経験的・哲学的な切れ味は何よりも、この「情動」が個々人においてどのような個性をもち、その個性が当該個人の孕む病理なり卓越性とどのような関連をもち、また彼の生きてきた経験の如何なる個的具体性に関連するのか、しかもまたそのさい、かかる経験の個人的特殊性とその個人が他の諸個人と社会的に共有する時代的・社会的・集団的「普遍性」とは如何なる関係を結ぶこととなるのか、これらの諸問題に対する分析の切れ味においてこそ測られることとなろう。ズバリ端的にいえば、二〇世紀の西欧において精神分析学と実存哲学と社会学とがいわば三位一体的格闘の果てに生みだしていった、それこそ「具体的な哲学」志向と三木の為した試みとを比較した場合、三木に対してはどのような評価が生みだされるか、如何なる共通性、先駆性、あるいは逆に遅滞性が、そして如何なる総合的評価が？　かかる問題系である。

結論を先取りして、私の評価を言えばこうである。

「構想力の根源性」というテーゼから出発する点において、三木の人間学は実に画期的であり、しかも彼はその人間学を「シェストフ的不安」が見事に表した二十世紀的病理を病む人間の「新しいリアリティ」を批判的に解明するための解剖メスとして用いると同時に[5]、返す刀で、その病理をのりこえる「ネオヒューマニズム」が掲げる「行為的人間の新しいタイプ」を解き明かすための人間学としても展開しようとした[6]。この問題設定において、明らかに彼は、その理論的潜勢力においてはサルトルの実存的精神分析の試み――何よりも《想像的人間》の実存的精神分析的解明とマルクス的社会学の「全体化」方法論とを結合しようと試みた――やエーリッヒ・フロムの類似した試みに通底し得る理論構想を打ち出したと言い得る[7]。しかし他方では、あまりにも性急に「ネオヒューマニズム」の希望を——しかも西田幾多郎的な「無の一般者」を根拠とする形で——いわば「祝詞《こと》あげ」することに走り、結局その理論的潜勢力を発展させることなく終わったと言わざるを得ない。

これが私の総括的評価である。

以下、この評価に至る私の批評の諸論点を略記することにしよう。

2 問題の環としてのニーチェならびにシェストフ

まず私はこう言っておきたい。二一世紀の日本人が、のみならず世界全体が直面している問題とは、端的にいえば想像力（三木の言う「構想力」）の病として発現するところの、孤立化し「単独者」へと引き籠った人間が抱えるパトスの病、あるいはまたそのことによってルサンチマン的心性（怨恨と復讐心）にいっそう蝕まれることによって暴力的性格を色濃くしたパトスの病にほかならない。つまり、三木が評論「シェストフ的不安について」（一九三四年）等で論じた問題をいわばプロトタイプとする問題の系なのである。

三木は、同評論のなかで、当時レフ・シェストフのドストエフスキーならびにニーチェを中心的テーマとする『悲劇の哲学』の翻訳が日本の文壇に大きな影響を与え、「不安の文学、不安の哲学」が知識人のあいだで流行のテーマとなったことを論じ、「いつの時においても哲学の、そしてまた文学の根本問題は、リアリティの問題である」と指摘したうえで、シェストフがドストエフスキーやニーチェをとおして問題にしたのは従来の哲学と文学が問題にすることがなかった「新しいリアリティの問題」であるとした。すなわち、通常世間一般がリアリティと思いこんでいる常識化し慣習化された「日常性」観念の地盤が突然裂け、そこに地下から出現する新しきそれ、ドストエフスキーの『地下室人の手記』が描きだすような、脱中心化し「単独者」となった孤独な個人が《これこそが真の己の生のリアリティだ》と発見し主張するがごとき、従来の日常性観念を突然引き裂き列断を強いるような非日常性と非合理性が絡みつき、常に不安に慄いているような生の在りようの体現するリアリティだと論じた。まさにこの「新しいリアリティ」を触知し主題化できるという理論能力こそが「具体的な哲学」の冴えにほかならないのだ。しかしながら三木の仕事をサルトルやフロムと比較するとき、またその偉大な先駆者と呼ぶべきニーチェと比較するとき、私はこう言わざるを得ない。――三木は「構想力」をキー・コンセプトとしているはずの自分の人間学を、かかる「新しいリアリティ」の分析にフル動員するという仕事はしなかった、と。もし彼がそうしたならば、彼の人間学はもっとシャープで複雑な心理学的な内容に富んだものとなり、そこには当然ながら精神分析学との思想的対話というテーマも導入され、サルトルやフロムあるいはニーチェの為した議論と大きく重なる議論が展開したであろうに、実際はそうしたことは起きなかった。（彼の「パトス」論は、人間の情動は死の不安に直面するやその不安を超克せんと自己昂進的性格を帯び「デモーニッシュ」なものとなるという事情に強い関心を抱く点で、ニーチェやサルトルときわめて類似し、いわばその出発点を共有しているにもかかわらず）。

ここでは二つの例だけを挙げておこう。

サルトルは詩人ジャン・ジュネをこう規定した。

> その原理が彼をして、存在よりも虚無、現実よりも想像を、享楽よりも緊張を選ばせしめるのである。一言にしていえば彼の営為は、詩的行為の範疇のなかにあきらかに位置づけられるのである。それは不可能なものの体系的な追求だ。後になって彼が、『架空の国だけが住むに価する唯一の国である』と書きえた理由は明らかである[8]（傍点、清）。

まさにこれがジュネを代表者とする《創造的人間》の定義である。一言でいえば、想像界という非現実のなかに――現実界との対立の鋭い意識にいわば苛まれつつ――頑なに閉じ籠ることで初めて自分に生き延びることを可能にさせる人間、こうした実存様式を採った（採らざるを得なかった）人間のことである。

サルトルは、R・D・レインとその盟友のクーパーが共著で書いたサルトル論『理性と暴力』に序文として寄稿した文章のなかでこう述べた。「――私は……（略）……精神疾患というものを『生きることの不可能な状況を生きうるために創出する脱出口』だと考えています[9]」と。

サルトルの『聖ジュネ』を読むと、この「生きることの不可能な状況を生きうるために創出する脱出口」という定義は、実はジュネが詩人となったとき、その詩創作が彼にとって担った働きの実存的意味を示す定義であることがわかる。つまり、まさに己の創作した詩の体現する一個の架空世界に、もっとひらたくいえば「妄想世界」のなかに閉じこもることがここにいう「脱出口」なのである。実にサルトルはこう書いている。――「生きることが不可能なような人生を与えられたので、彼はこの生きることの不可能性を、彼ひとりだけに留保された特別の試練として、わざと自分のためにつくったかのように生きるであろう。彼は自分の運命を意欲する。それを愛しようとつとめるだろう[10]」。（付言すれば、このジュネの生きる「運命愛」的パトスへの言及が示唆するように、実はサルトルはニーチェの「永遠回帰」思想のなかにジュネ的審美主義――耐え難き現実を生き抜くパトスの唯一なる源泉に「詩人」が生きる審美主義的世界態度を据える――の先行者を見ていた[11]）。

もう一つの例は実にニーチェである。『道徳の系譜』のなかにこうある。

〔略〕…これに反し、ルサンチマンの人間が思い描くような〈敵〉を想像してみるがよい。――そこにこそ彼の行為があり、創造がある。彼はまず〈悪い敵〉、つまり〈悪人〉を心に思い描く。しかもこれを基本概念となし、さてそこからしてさらにそれの模像かつ対照像として〈善人〉なるものを考えだす、――これこそが彼自身というわけだ![12]

必要は発明の母である。ここにニーチェが描きだしている問題とは、《怨恨的人間》とは《敵》を自分のために必要とするがゆえにそれを創りだす人間であるということだ。《怨恨的人間》においてオリジナルな点、彼にとっての真の「行為」、つまり「創造」とは、《敵》の創造＝捏造にある。では、何故に《怨恨的人間》は《敵》を創造＝捏造しなければならないか？　それは、《怨恨的人間》は自分の意識の前に自分を《敵》に圧倒的に道徳的に優越した存在たる〈善人〉として登場せしめる必要があるからだ。彼の自己意識の核は劣等感にある。だからこそ、完璧なる劣等性・道徳的劣性と一つに撚り合わされた〈悪〉としての《敵》という存在が必要となる。自己の圧倒的道徳的優越の意識が自分に貼りついた自分の劣等感を拭い去り、この道徳的に見下せるという意識の優位がいまだ果たせぬ《敵》への復讐を耐え忍ぶことを可能にさせる。つまり逆にいえば、自分に〈善人〉という表象を与えることが絶対に必要となる。その場合この表象の案出は〈悪〉としての《敵》という表象の創造、つまり想像と背中合わせになっている。[13]だから「善人」もまた想像の所産である。

さて、右のニーチェの心理学的洞察――マニ教主義的善悪二元論的観念の基底に対する――を敢えて三木にかかわらせるなら、ここでの問題とは、ニーチェが右で言う「創造＝捏造」とは、まさに人間のもつ想像力・構想力の働きがなすそれだということである。

ここでくりかえすなら、現代人はジュネ的意味でもニーチェ的意味でもますます悪しき意味で《想像的人間》と成り果て、真に深く互いの生のリアリティを共有しあい、そこから出発して、それをより良きものへと変革するための社会的諸条件を構想し、かつそれを共有化する精神能力（まさにこの共有化へと互いの想像力を発揮する）を喪失しつつあるのだ。肯定的想像力の衰微、否定的想像力のいやます増強。

三木は、おそらくはこの問題を蝕知していたからこそ「シェストフ的不安」の体現する「新しきリアリティ」を問題にしたのである。まただからこそ、この新しい現実の展開動向に「ネオヒューマニズム」を対置し、それを担う「行為的人間の新しいタイプ」の生きるべき「新しい倫理」を説こうとしたのである。

とはいえ、いましがた私が紹介したサルトルとニーチェの議論に匹敵するような、それこそ想像力・構想力の悪しき現代的展開についての鋭利で具体的な冴えた分析作業といったものは彼の「構想力」論にもパトス論にも一向姿を現すことはない。私の眼から見れば、彼の「ネオヒューマニズム」宣言は、その「祝詞《こと》あげ」の域に留まっただけなのである。

言い換えるなら、彼の「ネオヒューマニズム」宣言は、「構想力の根源性」がもたらす現代人の生の悪しき展開という「新しいリアリティ」との鋭く分厚い理論的対決という否定的媒介を欠いた、言い換えれば、およそ弁証法的性格を欠いた、「ネオヒューマニズム」と言いながらもその「ネオ」性はおよそ展開されない、掛け声だけの、いうならば「ヒューマニズム」の「即自」的な繰り返し、退屈な同義反復にしかならなかったのだ。*

＊なお、しかし、いわば三木の名誉のために次のことを指摘しておきたい。彼のこうした思索的営為にいちばん直接接続し得るはずのマルクス主義哲学のなかの人間学的潮流がまともに形成されたのは、戦後日本ではようやくスターリン主義批判がマルクス主義的思索の「今日的前提」となった一九七〇年代である。だがその場合ですら、「情動」というテーマをその《想像的性格》において問題とする観点はまったく問題にならなかったし、同様に、マルクス主義哲学を革新するために初期マルクスから取りだした「疎外」ならびに「物象化」というキー・コンセプトを精神分析学的視点ならびにコミュニケーション論的視点と媒介するという試み（フロムやマルクーゼあるいはハーバーマスらが試みたような）もまたオリジナルな形では日本には生じなかった。

3　「ネオヒューマニズム」と西田的「無の一般者（東洋的無）」

ところで、いましがた私はマニ教主義的善悪二元論的心性とルサンチマン心理学とを結びつけるニーチェの観点と三木とを対比して、三木の「具体的哲学」的センスの脆弱性（未だなお抽象論理に留まったままであるほかない）を批判したわけであるが、「ニーチェと現代思想との関係は測り難く深い」[14]、「ニーチェの徹底的な理解と、批判と、克服とは、現代哲学にとってひとの想像するよりも遥かに重要な課題である」と述べたのは、誰あろう三木であった。[15] 実は彼の思索的営為においてニーチェとの対話と対決は基軸とも呼ぶべき位置に立つテーマであった。おそらく同時代の日本の哲学者で、さらにいえば戦後以降においても三木ほどに、己のオリジナルな哲学の形成においてニーチェとの対決を基軸に置いた思想家はいないであろう。実に彼の言う「ネオヒューマニズム」はニーチェ批判を梃とすることで立ち上がってくるのだ。

評論「肉体の問題」において三木は、「社会」に定位する自分の立てる「主体的自覚」の論理（ネオヒューマニズムを支える）をまさにニーチェと対決する論理として打ち出す。すなわち、もともと「身体の哲学者」であり「自然主義者」であったニーチェは、しかし、その人間性探究の果てに「虚無」に直面し、それに目を奪われる。三木によれば、この「虚無」とは、人間の「自己」に「宇宙的な意味」を授与するところの「肉体を包んでこれを超える自然」としての「東洋的無」（西田幾多郎の「無の一般者」）とはまったく異なり、[16] 有を包むどころか反対に「有の極限」として「有を孤立させて投げ出す無」なのであり、「東洋的無」の思想をもたないが故に、ニーチェは己の「肉体の根拠」をもはや如何なる「自然」にも見いだせなくなり、「虚無」をのりこえる展望を描けなくなり、かくて近代ニヒリズムの元祖となるのである。他方三木は、このニーチェ的・近代ニヒリズムに対抗する展望として、「行為的人間の新しいタイプ」の誕生、これを掲げるのである。彼によればこのタイプは、「社会」を「東洋的無」の自己表現態として摑み直すという論理を介して、己の身体（＝パトス的・情動的身体）を人間の社会的協同関係のなかに埋め戻し内在化できるが故に、真にヒューマンな共同社会の創出に己の倫理的情動を活き活きと発揮し得る人間なのである。いわく、新しい倫理において肉体の根拠が実に社会において見出されねばならぬ。……〔略〕……自意識の過剰に悩むインテリゲンチャにとっての不幸は、社会というものも彼等には実は思想として存在しえないということである。彼等の肉体が社会における根拠を失っているためである。(17)＊

＊『哲学的人間学』のなかで彼はたびたび西田的な「東洋的無」・「無の一般者」（つまり大乗仏教が「空」の概念に託して語る無限なる宇宙の有機的相互関係＝縁起の全体性そのもの）こそが究極の「主体」、いわば大文字のそれであり、この事情を自覚する最深の哲学的思惟にとっては、一度は「主体」として把握された人間諸個人の各「自己」ですらかえってこの大文字の「主体」たる「無の一般者」の「客体――或いは寧ろその表現――と見られる」と主張している。(18)この点で、西田の言う宇宙的全体性を指す「東洋的無」は人間諸個人をして社会創造の行為へと突き動かし、その行為の実質内容となる究極の主体であるから、三木によって創造を為す無、「創造的無」として把握される。

なお付言するなら、「虚無」をのりこえる「東洋的無」の思想をニーチェが識らなかったとする三木のニーチェ認識は、ユダヤ＝キリスト教的終末論的宇宙観への批判と一体となったニーチェの「永遠回帰」思想が実は『悲劇の誕生』における「根源的一者」（ウパニシャッド由来の）の思想以来仏教的な縁起的宇宙観に対する深い親近性によって裏打ちされているという重要問題、これをまったく見落としていると言わざるを得ない。この問題性は、西田を頂点に据えた三木の「東洋的自然主義批判」が、ニーチェのいわば「西洋的歴史社会主義批判」との対話と対決によって弁証法的に媒介された構造をいまだ実現し得ないまま、彼の獄中死によって中断されたという問題とリンクしている。この問題に関しては、拙著『ニーチェにおけるキリスト教否定と仏教肯定』（個人叢書「架橋的思索　二つの救済思想のあいだ」第Ⅳ巻、Amazon kindle セルフ出版）を参照されたし。

そして、まさに彼の遺作となった『構想力の論理』の究極のテーマは、このネオヒューマニズムが志向する新たなるヒューマンな協同社会を実現せんと歴史に働きかける集団的意志の形成の論理の解明、そのために人々のパトス的な想像的かつ創造的なるエネルギーを誘発喚起する「ミュトス（神話）」にほかならぬ社会ヴィジョンの造形にあったのだ。

とはいえ、三木自身がこう告白している。歴史の現時点では、ネオヒューマニズムに関して「必然性と可能性との総合としての現実性に達すること——無（東洋的無——清）からの創造はそこに初めて成就される——は、さらに一層困難である」と[19]。

さて、ここでは論証するための紙数が足りないから、私の三木批評の最終的結論を断定的に述べるしかない。私見によれば、大文字の主体である「東洋的無」と現実の人間各自という小主体とのあいだを前者の「自己表現」として後者を再把握するという論理で一直線に繋げる三木の思弁的な思索の展開、これはあまりに弁証的媒介のセンスを欠いているのである。彼のネオヒューマニズムが如何に現代的パトスの病理の解明という否定的媒介作業をすっ飛ばした非弁証法的なものであるかについては既に述べた。さらにそれにつけ加えれば、その問題性は、三木の議論の仕方自体に絡みついている次の問題性となっても現れるのだ。すなわち、ネオヒューマニズムの積極的《ポジティヴ》な実践的追求を課題として立てるならば、このヒューマニズムの共有を人々が果たしてゆく一歩一歩の社会的プロセスは、社会集団間のどのようなヘゲモニー争奪戦の行程として予想されるのか、その過程において知識人・芸術家と大衆とはどのような関係を結ぶべきなのか、その関係性は大衆自身のあいだのコミュニケーション上の諸問題と葛藤にどのような仕方で介入し、対話の回路を切り開くものとして展望されるのか、等々のいわばグラムシ的かつハーバーマス的な考察、そこへと議論が確実に分節化されてゆくと見通せる構造・展望《パースペクティヴ》、それを具えた議論の組み立てを三木の『構想力の論理』は結局まだ実現できずに終わったという問題、これである。*

だが、こうも言い得る。三木の最大の功績はこの「未だ」によって後代を指名したことにあると。「我を継ぐ者よ、出よ!」と。忸怩たる想いは、いまや彼にではなく、われわれにあるのではなかろうか!

*もう一点だけ指摘しておく。三木の言う「具体的哲学」としての現代的人間学の構築にとってフロイトの精神分析学との対話と対決は欠かせない問題であり、それは「無意識」という問題の環をどのように人間学のなかに内在化させるかという問題であるとともに、そもそもこの「無意識」が問題化するさいの内容的契機としての「性愛」欲求を、人間の情動を問題化するうえでどのような位置を占める契機として認識するのかの問題でもあった。この点でいえば、三木はサルトルやフロムと比べても、この二つの問題に対する関心においてひどく見劣りがする。「パトス」のデモーニッシュな性格の端的な表出は何はさておき性愛の情熱・渇望においてであるはずだが、彼はこの問題の環を敢えて素通りしているように見える。なお、三木とは反対に、マックス・ヴェーバーは人間の抱く「最大の非合理的力」としての「性愛」について『世界宗教の経済倫理』・「中間考察」において延々たる考察を披歴している。

6 「形」の哲学――アリストテレスと西田の間で

秋富克哉

序

三木清の著作には、かぎりなく多くの哲学者が登場する。しかし、そのなかで三木の思想の形成と展開にとって絶対に欠かせない、その意味で真に決定的となった哲学者となると、かなり絞られてくるであろう。そしてその数少ない真の哲学的対話・対決の相手として、アリストテレスと西田幾多郎を挙げることに、誰しも異論ないのではないだろうか。

もちろん、両者に対する三木の関わりは同じではない。しかし、ここではその三木の立場を、敢えて両者の「間」として受け止めたい。青年期に西田から決定的な影響を受けて哲学の道に進んだ三木が、その後アリストテレスに強い関心を持つようになったことは、自ら回顧するとおりであろう。[1] 二つの哲学が最初から結びついたわけではないが、一九三〇年代以降、独自な哲学的方向を求めていった三木の歩みは、西田がアリストテレスへの取り組みによって切り開いた地平との重なりを強め、自らも改めてアリストテレスに向かうようになる。こうして西田とアリストテレスが三木の中で出会うとき、三者に共通する主題が改めて浮かび上がる。それが「形」に他ならない。以下では、まず『構想力の論理』をもとに三木における「形」の所在を確認(1)、次いで三木のアリストテレス解釈を考察し(2)、さらにその背景にあった西田のアリストテレス受容を経由したうえで(3)、最後に西田に対する三木の立場を明らかにしてみたい(4)。

1　『構想力の論理』の基本的立場

未完の主著『構想力の論理』の第一部(一九三九年)に付けられた「序」は、三木の思想の歩みを知る上で重要である。三木はそこで、『歴史哲学』(一九三二年)以来、ロゴスとパトスの統一、つまり客観的なものと主観的なもの、合理的なものと非合理的なもの、知的なものと感情的なものなど相対立するものの相互の弁証法的統一を求め、その統一が構想力に見出されるに至ったことを語っている。構想力の具体的な現象として、「神話」、「制度」、「技術」が順次取り上げられるのは周知のことだが、注目すべきは、構想力の論理が「形の論理」であることが明らかになっていく過程で、ギリシア哲学、特にアリストテレスへの取り組み(『アリストテレス「形而上学」』(一九三五年)と『アリストテレス』(一九三八年）が有した意義を認めていること、そしてその段階で自分の思想が一応の安定に達し、しかも自らの理解する限りにおける西田哲学へ接近したと述べていることである。

実際、続く箇所では、「制作（ポイエシス）」や「行為的直観」など西田哲学のキーワードが提示され、西田の思想を同時代的に共有しながら、自らの「構想力の論理」を錬成していったことがうかがえる。三木によれば、人間のあらゆる行為は「環境に対する作業的適応」（三木⑧九）として技術的である、つまり形を変じ新しい形を作ることである。自然も形を作るものであるかぎり技術的であり、したがって自然と文化あるいは歴史は「形の変化」という観点から統一的に把握される。こうして、人間の行為を介し且つそれを包み込んで動いていく世界そのものを技術的と捉える、広大な技術哲学が可能になる。西田と三木の技術理解はこのような射程を持ち、種々の技術に張り巡らされた今日の世界を考えるうえでも大きな示唆を与えてくれると思われる。[2]

ただし、このような技術理解を受け止めるとき、注目すべきは次の洞察である。すなわち、「形あるものは形なきものの影であり、「形なき形」の思想においてその主体的な見方は徹底した。この思想は我々にとって重要である。形は形に対して形であり、それぞれの形は独立である、かような形の根柢にあってそれらを結び付けるものは近代科学の理念とされる法則の如きもの、何等か客観的に捉えられ得るものでなく、却って形を超えた形、「形なき形」でなければならぬ。形は主観的なものと客観的なものとの統一であるといっても、構想力の論理はいわゆる主客合一の立場に立つのではなく、却って主観的・客観的なものを超えたところから考えられるのであり、かくして初めてそれは行為の論理、創造の論理であることができる」（三木⑧一一）。

「形なきものの影」「形なき形」という言葉から、西田幾多郎の『働くものから見るものへ』（一九二七年）の「緒言」を思い起こすことは容易であろう。この著作は、西田の画期的な論考「場所」を含むものだが、その終りの部分は、以下のようになっている。すなわち、「形相を有となし形成を善となす泰西文化の絢爛たる発展には、尚ぶべきもの、学ぶべきものの許多《あまた》なるは云うまでもないが、幾千年来我等の祖先を孚《はぐく》み来った東洋文化の根柢には、形なきものの形を見、声なきものの声を聞くと云った様なものが潜んでいるのではなかろうか。我々の心は此の如きものを求めて已まない、私はかかる要求に哲学的根拠を与えて見たいと思うのである」（西田④六）。

今日的な観点からすれば、西洋と東洋という区分が大雑把で、その文化観も図式的に過ぎるという印象を受けるかもしれないが、「形」という言葉を軸に、東西の文化的伝統の違いを浮き彫りにする表現は見事である。「形相《エイドス》」を哲学のキーワードとしたのはアリストテレスであったが、この語自体は彼が批判した師のプラトンも用いており、しかもアリストテレスが批判した「イデア」自体が「形相」の意味を持っている。ちなみに三木は、『構想力の論理』の「序」で「形或いは形相（イデア、エイドス）」という表現を用いてもいる。一方、「形成」をどのように受け止めるかは必ずしも一義的でないが、ギリシアの「パイデイア（教育）」やローマの「クルトゥーラ（文化・教養）」は人間の自己形成に関わるものであるし、キリスト教の「神の似像」もまた、その実現が人間に求められていることを踏まえれば、独自な人間像に基づいた形成と受け止めうる。したがって、西洋文化を特徴づけるのに「形」という語を使うことは、きわめて説得的であると言えるであろう。

このような「形」に対して「形なきものの形」あるいは「形なき形」を対置させるとき、問題は、「形なき」という否定をどのように受け取るかということである。三木は先の「序」で、「形の根柢」とか「形を超えた形」とかいう表現も用いているが、そもそも「形」というものをどのように理解していたか、その源泉を、彼のアリストテレス解釈のうちに探ってみたい。

2　アリストテレスとの対決

学生時代、三木の哲学研究は西田に導かれていたが、他にも波多野精一の感化によってアリストテレスに関心を持ち、さらにドイツ留学後は、当時アリストテレスに集中的に取り組んでいたハイデッガーの影響のもとアリストテレスへの関心をいっそう強め、研究に携わっていった(3)。事実、三木が帰国後早い時期に書いた「アリストテレス」（一九二九年）には、ハイデッガーの影響が顕著である。これ以外に、三木のアリストテレス論としてまとまったものには、上記『構想力の論理』の「序」で言及されていた『アリストテレス「形而上学」』と『アリストテレス』がある。以下では、主題との連関上、この二つを確認していくことにしたい。

まず、『アリストテレス「形而上学」』は、表題のとおりアリストテレスの『形而上学』を扱ったものである。三木はこのテクストの文献学的問題に関する諸研究を踏まえ、『自然学』や『魂について（デ・アニマ）』（三木の訳語は「精神論」）など他の主要著作も参照しながら、アリストテレス形而上学の主要概念を考察していく。今その全体を検討する余裕はないが、西田との思想的連関を成すものとして指摘しておきたいのは、「第四章　真としての存在」の中で『精神論（デ・アニマ）』第三巻に言及し、精神は「形相の受容者」であり、「精神は「可能的には形相および叡知的なるものの場所」である」（三木⑨一一二）と記していることである。『デ・アニマ』に右の句そのままの表現はないが、この書で「トポス（場所）」が登場する箇所は、西田が論文「場所」の中で、自らの「場所」概念との連関で触れているところに他ならない。要は、西田が「精神《プシュケー》」の規定から意識の場所的性格を独自に展開するのに対し、三木はアリストテレスの文脈に踏みとどまって、形相を受容しそれと同一化する精神の働きに注目するのである。アリストテレス論の中でのことだから当然ではあるが、西田哲学の代名詞とも言うべき「場所」概念に三木がほとんど触れないことを踏まえるなら、三木はあえて、形の能力としての構想力に関心を向けていると言えるかも知れない。

「形」の問題との連関でいっそう重要なのは、「第六章　可能性と現実性」の議論である。そこで三木は、「生成」の問題に触れて「自然と技術」に言及する。すなわち、「アリストテレスは生成の問題を論ずるに当り、たえず自然と技術とを結び付け、技術による生成での諸関係を比論的に自然による生成での諸関係の解明に移し入れている。この場合技術とは一般的にかつ広義において、思惟によって導かれ、一定の目的の実現に向けられた人間的活動を謂い……このような自然と技術との結合、両者の間の比論は彼の自然学に於ても、この書物を少し注意して繙くとき、我々の容易に気付き得ることである。そこでまた技術の概念がアリストテレスの哲学においてはなはだ重要な意味を有することが注意されねばならぬ」（三木⑨一五三）。

最初に引いた『構想力の論理』「序」でも明らかなように、自然と技術の類比《アナロジー》（比論）という着想こそは、三木がアリストテレスから受け止めた最大のものと言いうるであろう。先の「序」では、構想力の論理について「いわゆる主客合一の立場に立つのではなく、却って主観的・客観的なものを超えたところから考えられる」と言われていたが、主客合一ではなく主客を超えるという着想は、西田自身がかつて「主客合一」の語で説明した「純粋経験」を「場所」の立場が克服していることを述べる場面で用いたものであった。三木もそのことは、同時代的に十分受け止めていたはずである。それだけに、西田が「場所」を持ち出してくるのに対して「構想力」を提示するところ、同じ「序」で「私のいう構想力の論理と西田哲学の論理との関係については、別に考えられるべき問題があるであろう」（三木⑧六）と語る所以でもある。

自然と技術の類比的関係性を受け止める上でもう一つ注目したいのが、『構想力の論理』と重なる時期に執筆された『アリストテレス』である。自ら「序」で「アリストテレスの教育論を彼の体系の諸根本概念との連関に於て理解しようと試みた」（三木⑨一八一）と記しているように、ここでは教育が、「人間を質料的基礎として行なわれる制作であり、形成作用である」（三木⑨二〇四）という観点から考察される。言わば、技術論としての教育論である。わが国でもアリストテレス哲学の研究は広く進められているが、教育論という観点からして本書はきわめて珍しく、その意味でも貴重だと思われる。三木は、理性と自然と習慣とを内的に結び付けて考えることのできるアリストテレス哲学の特徴が教育論の特徴でもあると語り、運動と生成、可能性と現実性等の根本概念をもとにその特徴を取り出す。そして『政治学』第七巻終わり近くの「すべての技術と教育とは自然の欠けているものを満たそうとする」という語や『自然学』第二巻第八章の「およそ技術は一方において自然が成し遂げ得ないことを完成し、他方において自然を模倣する」という語を引いて、「教育に於ける自然と技術との統一」（三木⑨二〇七）を見出してくるところには、自然と技術の類比という一貫した技術論の立場を認めうるのである。

こうして教育を、人間性の完成を目的とする技術として受け止めるとき、同時に注目すべきが、あらゆる技術の「目的・手段の関係における階層構造」（三木⑦二三）という、アリストテレスに由来する着想である。教育は倫理的徳の形成によって国家に仕えるための社会的実践的技術であり、そのかぎり制作的技術から区別される。しかも、単なる区別ではなく、技術相互間の上下関係である。『技術哲学』（一九四一年）等に明らかなように、三木は「人間の行為はすべて技術的である」（三木⑦二一〇）という立場のもと、技術概念の拡張と諸技術間の連関性を主張し、「社会技術、とりわけ政治の自然科学的技術に対する支配」（三木⑦三一二）を語る。道徳もまた、「理性と情念との統一としての心の形を作る」「心の技術」（三木⑦二九〇）に他ならない。

人間の知や行為をすべて技術という観点から統一的に見る着想には、そもそも技術とは何かということを根本から考える上で、今なお受け止めるべき視点が含まれていると思われる。ただし、当面の課題に戻るなら、技術や形の概念を拡張したとしても、「階層」や「支配」ということが、直ちに先の「形の根柢」や「形を超えた」ということに繋がるとは言えない。そこには、「形なき」という否定、つまり「無」の問題がある。この着想において、三木は、自ら語るように西田哲学に接近するのである。

3　西田のアリストテレス受容

三木がハイデッガーのもとでアリストテレスに取り組んでいた時期、西田もまた独立にアリストテレスに取り組んでいた。一九二六年に論考「場所」が発表されるが、その少し前には大学でアリストテレスの講義を行っている。(4) それから十年後の一九三六年、『善の研究』の「版を新にするにあたって」では、「純粋経験の立場は「自覚における直観と反省」に至ってフィヒテの事行の立場を介して絶対意志の立場に進み、さらに「働くものから見るものへ」の後半において、ギリシャ哲学を介し、一転して

「場所」の考に至った」（西田①二九〇）と記している。「場所」の語の背景にプラトンのコーラとともにアリストテレスのトポスがあったことは、先にも触れたとおりである。したがって、三木が留学から戻って来た一九二〇年代後半以降、西田と三木は、アリストテレス哲学の批判的受容をもとに、相互に影響を与えながらそれぞれの哲学的展開に努力していったことがうかがえるのである。(5)

ところで、上の「版を新にするにあたって」の続く箇所には、「「場所」の考は「弁証法的一般者」として具体化せられ、「弁証法的一般者」の立場は「行為的直観」の立場として直接化せられた。この書において直接経験の世界とか純粋経験の世界とかいったものは、今は歴史的実在の世界と考えるようになった。行為的直観の世界、ポイエシスの世界こそ真に純粋経験の世界であるのである」（ibid.）と記されている。

「純粋経験」から「自覚」さらに「場所」への展開を通して、西田が徹底して問題にしたのは、「知るとはどういうことであるか」という哲学的根本問題であった。「場所」思想の展開のなか、場所的自己は、歴史的・社会的現実の世界の自己限定による行為的自己として捉え直され、自己の生きる世界は、主観的なものと客観的なもの、個物的なものと一般的なもの、相対立するものが一つに結びつく弁証法的一般者となる。このような世界にあって行為することは物を見ることと一つ、つまり行為的直観であり、我と物がどこまでも相反し相矛盾するものでありながら、相互に動かし動かされる行為的直観の世界は、矛盾的自己同一的に「作られたものから作るものへ」と動いていく創造的世界に他ならない。こうして、「歴史的現実の世界は制作の世界、創造の世界である」（西田⑨九）と同時に「我々は制作的世界の制作的要素として、創造的世界の創造的要素として制作可能である」（ibid.）と言われるとき、世界と自己は、創造の観点からそれぞれ「ポイエシス的世界」、「ポイエシス的自己」と捉えられる。そして、ポイエシスは「形」と不可分である。たしかに、ポイエシス自体はギリシア哲学全体に通じる術語であろう。しかし、アリストテレスが大きく影響していることは明らかである。現に、『構想力の論理』所収の論考の連載時期に公刊された『哲学論文集第二』（一九三七年）の「序」には、「形作られて形作る現実」（西田⑧二七〇）という表現が用いられ、重要な論考「論理と生命」では、アリストテレスの「自然が作る」の語の引用のもと、生命そのものが形と見られ、「我々が形成するということは、歴史的自然の技術の連続である」（西田⑧三〇四）と述べられている。ただし、制作（ポイエシス）と実践（プラクシス）を峻別して、前者に対する後者の優位を認めたアリストテレスに対し、行為を広くポイエシスと捉え、論考「ポイエシスとプラクシス」（一九四〇年）で明らかなように、「ポイエシスはプラクシスであり、プラクシスはポイエシスである」（西田⑩八七）と語るところには、西田の独自な立場が現れているのである。

4　西田との対決

以上考察したように、三木の哲学的展開の背景に西田哲学があったことは動かないとして、最後に残るのは、その影響関係のなかで遂行された三木による西田との哲学的対決の問題である。

西田哲学に対する三木の接近や共感、そして数々の術語の共有にもかかわらず、両者が明確に分かれるところ、それは西田の「場所」の思想、とりわけその究極である「絶対無の場所」に対する三木の態度である。西田哲学をどこまでも意識している三木が「場所」について語らないということ自体、既に西田に対する三木の対決的立場を示している。

西田において、行為的直観は現実の世界の矛盾的自己同一と結びついて提出されたものである。矛盾的自己同一とは、個物と個物がどこまでも相対立し相矛盾しながら、まさに対立矛盾し合うものとして相互に関係し合い結びつくということを、無の場所の自己限定として捉えるものに他ならない。行為的直観は矛盾的自己同一と不可分であり、それは「無の場所」、究極的には「絶対無の場所」に行き着く。他方三木は、構想力の論理が行為的直観の立場に立つことを述べながら、そこに世界の矛盾的自己同一や場所を持ち出すことはなかった。

それでは、三木にとって無とはいかなるものであったか。彼は、「無からの創造」の語を用いて、創造の根底に無を認めている。たとえば、「すべての創造には「無からの創造」という意味がなければならぬ。イデー的な形が物質あるいは自然の中から出て来るということがなければならない、ロゴス的なものがパトス的なものの中から生れて来るということがなければならない」（三木⑧二四五）。そしてこのパトス的なものはさらにデモーニッシュの語で言い表され、「人間のパトスがデモーニッシュであるのは人間的存在の限りない窮迫を示すものであり、かくの如き窮迫は、この存在がもはや環境と融合して生きることなく、環境に対して主観的に乖離していることに由来する」（三木⑧二四九）と言われる。ただし、続けて言われるように、このパトスからロゴスを引き出し、両者を統一するものこそが構想力であり、それは、環境と主体という対立を統一するものでもあるのである。

同じ発想は、『人生論ノート』（一九四一年）の「人間の条件について」にも見られる。そこでは、今日の人間の最大の課題は無定形で無限定な状態からいかにして形を作るかであるとして、あらゆるものが混合されている現代、混合の弁証法として「虚無からの形成」（三木①二六〇）を行なうのは構想力であると述べている。構想力は、相互に対立するものを統一する力として、「形なきもの」に対して新しい「形」を創造するものに他ならない。

以上のように考えるなら、「形なき」ということを共有する類似の表現を用いながら、三木と西田の違いが出てくる。対立するものの統一を矛盾的自己同一として、無の場所から捉える西田において、ポイエシス世界がかつての純粋経験の立場を離れない仕方で展開したものであるかぎり、原初の主客未分は創造の立場の根柢を一貫している。言うなれば、自己が自らを無にして「形なきもの」に成り切ったところ、そこからそのつど新たな形が生み出されるであろう。

それに対し、「形なき形」が個々の形の根柢でそれらを結びつけるものとして受け取られるとき、結びつける働き、つまり行為の主体性が際立てられる。それが主客を超えた構想力であり、その決定的な具体が技術であった。このとき、形の根柢における形なき無は、主体が成り切るものではなく、むしろ主体が新たな形を与えることで統一を産み出す契機となる。技術概念を拡張し、技術を階層的に捉える三木の立論は、現代社会における技術の有り方を探っていくうえで、今なお積極的に受け取るべきところを持っていると思われる。しかし他方、技術のほとんど無制限な進歩拡大は、便利さや快適さを増す反面、補助手段が目的と化すことで、環境破壊は言うに及ばず、人間に対しても、本来の課題であるべき自己形成の過程に歪みや捻れを生じさせてしまっている。技術的に作り出される形は、まさに形ゆえに固定化し、その固定した形が社会や人間を均一的なものに作り変えてしまうのである。人間は、固定化した形を否定する破壊的な行動や、無定形や無秩序への逃避に、かろうじて主体性を見出さんばかりである。そこに現われるのは、人間のデモーニッシュな暗黒面に他ならない。形を変じ新しい形を作ることが却って虚無的な状況を産み出すとすれば、この逆説をどのように捉えるべきか。そこになお、どのような「虚無からの形成」を見出すことができるか。

「形なきもの」と「形」との関係は、生命、環境、情報といった今日的な主題領域を取り込み、改めて技術と人間の関係への問いとなって、われわれに打ち当たってくる。構想力の射程と課題もまた新しくなっていることを受け止めざるを得ない。

註

三木清と西田幾多郎のテクストからの引用については、凡例参照。それぞれ下記の全集に基づき、巻数を○付き数字で示し、続いて頁数を示した。『三木清全集』、岩波書店、一九六六～六八年、『西田幾多郎全集』増補改訂第三版、岩波書店、一九七八～八〇年。

（1）青年期に西田から受けた影響、ドイツ留学中ハイデッガーの元でのアリストテレスへの取り組みについては、「読書遍歴」（三木①三六四、三九六、四〇〇）や「ハイデッゲル教授の思い出」（三木⑰二七四）などが詳しい。

（2）西田と三木の技術思想の対照については、以下の拙論を参照されたい。秋富克哉「技術思想　西田幾多郎と三木清」、大橋良介編『京都学派の思想』（人文書院、二〇〇四年）。

（3）前掲註（1）。

（4）下村寅太郎と島谷俊三のノートと編集に基づく講義録「アリストテレスの形而上学」が、新版西田幾多郎全集第十四巻（岩波書店、二〇〇四年）に収められている。

（5）西田は、一九三一年発表の「プラトンのイデヤの本質」に、若い頃はアリストテレスにあまり共感できなかったが、「しかるに晩年になってアリストテレスの形而上学というものが、私の思索に新な生命を与えるようになった」とし、「我々はなお一度アリストテレスの物理学［筆者注記：『自然学』を指す］の問題や考え方に返って、考え直してみなければならないのではないかと思う」（西田⑫一一九～一二〇）と記している。

7　三木は「西田哲学」を超えることができたか

――コミュニケーションの《構造化》という視点

森下直貴

はじめに

西田哲学は「制作（ポイエシス）」を軸とする「歴史的実在」の論理であり、その中心に「身体」が位置している。しかし、「デジタル化」[1]が進行する今日、バーチャルリアリティ（VR）が日常生活に浸透し、身体を基盤とするリアリティの自明性を揺さぶり始めている。いま日本の哲学に要請されるのは、デジタル合成を前提にした上で、身体（フィジカルまたはナチュラルなもの）とバーチャルなものとを包括する新たなリアリティの論理ではなかろうか。[2]とすれば、そのためには西田哲学を超える必要がある。

三木清は一九三八年ごろ、「形」の論理を構想するなかで西田哲学に限りなく接近した（三木⑧六）。

そして一九四〇年、西田哲学を下敷きにして『哲学入門』を書いた（三木⑦三）。ところが一九四五年、西田哲学を超えなければ将来の日本の哲学はないと考え、その「根本的な読み直し」を企てた（三木⑲四五二〜四五三）。問題とされたのはおそらく西田の「場所」の思想である。

一般に「超える」とは内側から限界を突破することである。西田はその意味での内在的批評者を求めていた（西田⑫二六五）。当時その資格があったのは、間違いなく誰よりも三木である。それでは、三木が「戦後」を生き延びたとすれば、西田哲学をどのように「超えた」のであろうか。ただし、時代はもはや昭和の戦後ではなく、すでに二一世紀のデジタル社会である。したがって問いの焦点は、三木の「超え方」が今日の現実にどの程度まで届いているかに絞られる。そうでなければ、思想史的評価は別にして、三木の思想をいま「哲学」として論じる意義はない。

鍵を握るのは三木の「形」の論理である。西田の「場所」はいわば絶対的な形である。これを超えるために三木に必要とされるのは、ポイエシスの「形」を問い直し、それをコミュニケーションにおける構成する働き、すなわち《構造化》として捉え返すことではないか。そのとき「場所」は《構造化》を不断に発生させるコミュニケーションのネットワークとなり、身体とバーチャルなものは《構造化》の差異として位置づけられることになろう。本章では以上の見通しに立ち、同時期に出版された西田の『日本文化の問題』を併せ考慮しつつ、「未完成の体系」（三木⑦四八八）とされる『哲学入門』を内在的に批評する。

1　ポイエシスを方向づける意味の解釈

三木はいう。人間は世界の中で生活している。世界とは具体的には「環境」であり、そこには自然とともに社会も含まれる。「人間は世界から作られ、作られたものでありながら独立なものとして、逆に世界を作ってゆく」（三木⑦一八）。三木の哲学の軸も西田と同じく「制作」（三木⑦六四）である。「制作」とは「形成作用」である（三木⑦一〇）。形成するとは身体を介して物を作ることであり、これは芸術に限らない。そして物を作るための身体の働かせ方が「技術」である。技術によって事物における原因結果の連鎖が目的手段のつながりに変換される。

手段のつながりを方向づけるのは「目的」である。同一の手段のつながりであっても、「目的」の違いによって異なる行為になる。例えば、「手が上がる」動きを「手を挙げる」行為にする目的が、「タクシーの呼び止め」であるか、「意見の表明」、「体操」、「挨拶」であるかによって行為の意味は変わる。目的は主観的な意味のつながりの一部であるため外部からは見えない。表現されたものを手掛かりにして見えない目的を推測するのが「解釈」である。

したがって三木も指摘するように、人間は主観的なもの（目的の意識）と客観的なもの（身体）との統一体である。この統一体を三木は「主体」と呼ぶ（三木⑦一三）。主体は根源的に主体に対して主体であり、私は汝と関係する。つまり主体は最初から「社会的」である（三木⑦一四）。主体同士のあいだでは、身体や物の表現に関わる制作技術のプロセスを介して、双方の意味解釈のプロセスがつながる。入れ子式の二重のプロセスが人間のコミュニケーションである。

三木はさらに一歩ふみこみ、主体によって形成される環境もまた、そこに主観的なものが持ち込まれる限り「主体的」であるという。人間以外の事物も「汝」（三木⑦一六）とされる。ところが、それにもかかわらず、三木が注目するのはあくまで制作技術である。「人間のあらゆる行為は技術的である」（三木⑦二三）。しかしそうなると、主体同士のコミュニケーションといえども制作技術のプロセスの面から眺められることになる。あるいはむしろ、制作技術のプロセスをコミュニケーションに擬えているというべきか。それにしても三木はなぜ「技術」をあえて一面的に強調するのであろうか。この背景には彼の時代意識がある。彼にとって前近代の「ゲマインシャフト」と近代の「ゲゼルシャフト」とを弁証法的に統一するのが「協同主義」であり、この要として技術が位置づけられているからである（三木⑧一〇～一一、⑩四六三、⑰五一五）。

要するに、三木の哲学には物との出会いはあるが、本質的な意味での主体（人物）同士の出会いはないといえる。この点を明瞭に示すのが「経験」の分析である（三木⑦二九～三〇）。三木によれば、経験とは主体と環境との行為的交渉である。人は物に出会い、試行錯誤によって物を形成し、物から形成され、形成するなかで自己を形成する。そしてこの循環的な形成を通じて習慣という均衡にたどり着く。

物（環境）とのあいだの持続的適応の「形」が身体である。このように三木の「経験」の分析は物との出会いに限定されているが、行為の本質はそれなりに押さえられている。そこでこれを下敷きにして主体同士のコミュニケーションを捉え返してみることは不可能ではない。そのとき適応の形として浮上するのが社会的な経験の集積としての「常識」（三木⑦三三）である。

2　コミュニケーションのシステムを形成する《構造化》

人間のコミュニケーションでは、当事者双方の意味解釈のプロセスが並行しながら、表現をめぐる制作技術のプロセスを介して交流する。このとき当事者の心の内部のプロセスもまた意味解釈がつながるコミュニケーションであるから、一つのコミュニケーションの内部において二つの小さなコミュニケーションが同時進行していることになる。ここでは事柄の本質を取り出すため、双方ともに「相手の心（真意）が読めない」という状況から出発し、その背後に広がる既知の地平については考察外とする。[2]

早春の夜道、傍を歩く相手から「私、死んでもいいわ。」と囁かれたとする。①相手の心を解釈する手がかりは表出された言動や表情であり、これらの情報はたいてい直ちに察知される。その上で②相手の真意があれこれ探られ、一つの解釈に絞られる。「恋の告白かな。」続いて③この解釈は既存の知識や文脈と照合され、他の解釈と比較される。そして最終的に④解釈が定まり、総合評価に至る。「嬉しいけど、どうしよう。」その後は相手への応答であるが、これもなかなか決まらない。「月が綺麗だね。」⑤この表明は相手によって①情報として受け止められ、②解釈…と進んでいく。

以上に描かれたプロセスは、《……①情報認知→②真意解釈→③解釈比較→④総合評価→⑤応答遂行（①情報認知）……》である。ここで⑤応答遂行の表現は双方の間に位置し、直ちに①情報認知へと移行するから、コミュニケーションのプロセスとしては四段階の循環になる。

四段階の繰り返しから認知・解釈・応答をめぐって予期や期待が生じる。そして予期や期待を通じて双方の内部に一定の解釈が形成され、さらに形成された一定の解釈を中核として情報認知から総合評価にいたる一連の〈意味連関〉が形成される。こうして形成された〈意味連関〉が双方のあいだを循環し、調整されて安定したときコミュニケーションの回路が成立する。「恋愛コミュニケーション」の誕生である。

コミュニケーションの回路を方向づけ維持するのは〈解釈を中軸とする意味連関〉である。この〈意味連関〉はたんなる一定不変の関係、つまり〈型（パターン）〉ではなく、コミュニケーションを連関づける働きである。そこで働きという点を強調して〈構造〉ではなく、あえて《構造化》[3]と呼ぼう。この《構造化》によって維持されるコミュニケーションの回路全体が〈システム〉であり、これもたえず動揺し変容する。

二人のあいだで共有される意味の《構造化》が共通了解（コモンセンス）である。これは多数の人々の無数のコミュニケーションでは「常識」になる。ただし、常識が共有されたとしても人々の観点や立場は異なる。そのため人々の解釈が一致するという保証はなく、コミュニケーションの対立状況が避け難く生じる。

3 《構造化》の外的表現としての「形」

形の論理は三木が西田と共有する哲学の枠組みである（三木⑧六）。三木によれば、「自然」、「物」、「身体」、「文化」、「社会」、「国家」など、あらゆるものはそれ自身が形成作用であると同時に、作られたものとして「形」をもつ（三木⑦一〇、一二一～一二三、一二一）。しかしそうなると、あらゆるものの形をどのように区別するかという難問が生じる。西田ではこの点の考察はあまりに貧弱であった（西田⑫三二三～三三〇）。三木もまたその点を西田哲学の課題とみなし、基本的な形式からのカテゴリー連関の展開の必要性を指摘していた（三木⑩四三三）。

三木自身は一歩ふみこみ、二つの観点から「形」を定義している（三木⑦一一六～一一七）。一つは、たんなる形式ではなく、内容を内から生かしているもの、もしくは内容そのものの「内面的統一」であって、しかも外的なものである。これは「形」の実体的定義であり、この前提にはアリストテレスの実体概念がある。もう一つは、「関係的なもの」、「関数的なもの」、「機能的なもの」が組織化され、表現されたものである。これは「形」の関係的定義であり、近代科学における現象間の規則的な関係を下敷きにしている。

三木のいう「形」の概念は実体概念と関係概念とを弁証法的に統一したものである。しかし、弁証法的統一を持ち出したからといって、三木自身も反省するように（三木⑦四七、⑧五）、「形」を分析したことにはならない。「内面的統一」、「機能的なもの」、そして両者の関連は依然として不明である。そこで前節の末尾で言及した《構造化》の観点から捉え直してみる。

さしあたりまず、独立した複数のもの（要素）を設定する。これらが偶発的につながると一定の関係が形成される。関係が形成された時点で「要素」は関係全体の「部分」になる。関係全体における部分同士は一定の方向性をもって連動し連関する。このような方向性をもつ部分の動きを〈機能〉と呼ぶ。[4]機能概念を用いるならば、部分同士が機能的に連関する関係全体は〈システム〉として、また、部分同士の連関を機能的に方向づけ全体を維持する働きは《構造化》として捉え直される。

要するに、三木のいう「形」とは、関係全体における部分同士を内部から機能的に連関づける《構造化》の外的な表現、つまりシステムだったことになる。ただし、形には、《構造化》の外的表現以外に、変化のなかの不変の関係としての〈型〉の変換的表現がある。〈型〉（パターン）は変化のなかの同一性であり、これをそのまま表現したものが〈図像（象徴）〉である。[5]それに対して《構造化》は全体における部分同士を機能的に連関づける働きである。三木の形の論理では《構造化》が明確に把握されていない。真理や超越に関する難点もそこに由来する。

4　人間の「超越」を支える自己言及の《構造化》

物あるいは環境を作ることによって「形」が生じる。生じた「形」は見える。見える「形」が逆に作る行為を喚起する。作ることと見えることの循環のなかで真理（真なる知識）が生じる。これが三木の唱える真理の形成説である（三木⑦九六、一〇三、一〇八）。作るなかで物の何たるかを知るから、真理の基準は行為にある。しかし、三木に反論するなら、見えることは直ちに知ることではない。

ものが見えるのは見るからである。「見る」とは、身体の眼球を通じて視線を動かし、ものの輪郭をなぞり、際立たせ、区切ることである。見ることによって輪郭をもった〈形〉が浮かび上がる。それに対して「知る」ことには、たんに形を見るだけでなく、形を通じて型を捉え、形が見えなくても想像によって型を思い描き、記号を用いて連関を考え、さらに知る働きを自己として反省することまで含まれる。

三木によれば、人間の主体性は超越性に基づく。超越には客体の超越と主体の超越があり、前者は後者によって可能になる（三木⑦五七）。「超越」は人間的存在の根拠であるが（三木⑦五七）、三木はその根拠を明らかにしていない。「本能」に対して「知能」を持ち出すにとどまる（三木⑦二四〜二五）。その根拠を解明するための鍵は《構造化》である。

「超越」の土台は「環境のなかの行動」である。行動を通じて環境に対する身体の知－反応の型が形成される。まず、⑴知－反応の型を情動によって調整するのが〈本能〉である。本能は、身体表現を用いる情動のコミュニケーションのなかで知－反応の型を内部から《構造化》する。次に、⑵予期・想起によって情動を調整し、知－反応の型を方向づけるのが〈知能〉である。知能は、時間を分節化し記憶にもとづいて本能を内部から《構造化》する。ここでの想像のコミュニケーションには基本的な社会関係が織り込まれている。続いて、⑶本能を《構造化》する知能をさらに内部から《構造化》するのが〈理性〉である。理性は身体表現から離れた記号のコミュニケーションを通じて概念を創出する。そして最後に、⑷記号のコミュニケーションの内部に「意味の意味の意味の……」という自己言及のコミュニケーションシステムが生じる。ここでの《構造化》を担うのは〈自己〉である。

人間は内部に四層の《構造化》をもつ。主体の超越の根拠はとりわけ自己言及のコミュニケーションシステムの《構造化》に求められる。《構造化》を高層にするのは環境とのあいだのコミュニケーションの複雑化である。知ることは作ることの一環であるが、作ることはコミュニケーションの一環である。人間は、情動と社会関係と概念と反省を織り込んだ意味解釈のコミュニケーションという土台の上で、ものの型を捉え、型を思い描き、連関を概念として把握し、自己を反省するのである。

そのさい人間は、知る対象が何であれ、自分と同様に四層の《構造化》をもつ汝と見なす傾向がある。それは人間らしい特徴ではあるが、もの一般を正確に知るためには《構造化》の観点から区分する必要がある。例えば、大まかではあるが、岩石のような物体は《構造化》をもたないものとして、生物は一層または二層の《構造化》をもつものとして、人間は四層の《構造化》をもつものとして、そして人工物は外部から《構造化》を付与されたものとして、区分すべきであろう。身体やバーチャルなものについても同様の観点から捉えることができるだろう。

5　全体的一と全体的一との対立の統一としての全体的一

三木は『哲学入門』以前、西田哲学の問題点として「非連続の連続」、「永遠の今」、「円環的限定」、「空間の内面性」を挙げていた。これらは西田哲学の「場所」の思想に収斂する。慣習・伝統・国家に対して個人の独立性（つまり変革主体）を強調する三木は、場所に包まれる多元的対立は「観想的」であり、その一方的な強調は「和解の論理」になるとみなし、二元的対立による補完を提示した（三木⑩四三一〜四三四）。この補完は『哲学入門』のうちに常識と良識、民族国家と人類世界、役割存在と人格の対立といった形で織り込まれている（三木⑦三八、一八一、一六八。また、三木⑰五六七、五七七〜五七八）。

ところが一九四五年、三木は西田哲学の補完に満足せず、さらにその「根本的な理解し直し」へと突き進んだ（三木⑲四五二〜四五三）。そこで暗示された問題は、「物になる」西田哲学と「東洋的現実主義」と「物となって見る」大乗仏教との結びつきである。この三者に共通するのは「対立の統一」そのもの、つまり「場所」（三木⑦六四）である。

西田の『日本文化の問題』と重ねながら『哲学入門』における「場所」の思想を再構成してみる（三木⑦一五〜一八）。「場所」あるいは「世界」とは、個物的多がそこに「おいてある」と同時に、それと対立する「全体的一」である。「個物的多」の対立関係すなわち個物と個物の働き合いを通じて「全体的一」が形成され、形成された「全体的一」から「個物多」が形成される。そしてふたたび「個物的多」の対立関係を通じて「全体一」が変形される。「全体的一」とは個物的多の対立の統一である。スケールは異なるが「個物」もまた「全体的一」である。したがって、あらゆるものに関して《全体的一と全体的一との対立の統一としての全体的一》という論理が成り立つ。

この論理の展開には二方向が考えられる。一つは「全体的一」を作る「個物的多」の方向である。この極限にはすべてのものの構成要素となる無数の「全体的一」がある。もう一つは「全体的一」から作られる「全体的一」の方向であり、この極限には包括的な「全体的一」が位置する。三木や西田のいう絶対的な世界、すなわち絶対的な場所または絶対的な一般者とは、後者の方向の「全体的一」である。「世界は世界においてある」（三木⑦一七）。一切のもの（諸々の世界）はそこ（絶対的な世界）から作られ、その表現となる。

三木そして西田によれば、すべてのものは「全体的一」としての形をもつ。しかし、「形」を取り上げたさいに指摘したように、西田や三木では「全体的一」の具体的な分析が欠落している。そこで、もっとも複雑な「全体的一」である「社会」をとりあげ、コミュニケーションの《構造化》の観点から分析してみよう。なお、社会がもっとも複雑なのは、それを作り上げる個々人が自己言及のコミュニケーションシステムを有する独立した存在だからである（三木⑦五七）。

6　コミュニケーションネットワークとしての「場所」

始めに多数の個人による無数のコミュニケーションを想定する。コミュニケーションを担う個人の内部は、内部コミュニケーションの四段階に対応して四次元から構成される。[6] すると、関係する個人が意味解釈をやりとりするコミュニケーションは、関係者双方の「目的志向」の違いから大きく四群に分化する。すなわち、協働工夫をめざす実用型、共感援助をめざす共同型、利害調整をめざす統合型、理念共有をめざす超越型である。なぜなら、四次元の目的がそれぞれ一致するとき、コミュニケーションは円滑に進行し、システムを形成するからである。これらのコミュニケーション群が土台となり、目的志向がさらに機能目的として分化することを通じて「社会」が形成される。「社会」には二種類の「全体的一」がある。一つは機能分化した〈社会システム〉であり、もう一つは人々の集団としての〈コミュニティ〉である。

〈社会システム〉は、特定の機能目的を中軸とする《構造化》によって方向づけられ維持されたコミュニケーションのシステムである。これを大きく分けると、経済領域、社会（共同）領域、公共領域、文化領域の四領域になる。それぞれの領域はさらに四分野に細分される。例えば、実用型コミュニケーション群を土台にする経済領域には、産業システム、技術システム、経済システム、生活システムが含まれる。

他方、〈コミュニティ〉は社会システムを担う人々の集団であり、こちらは二分される。一つは特定の社会システムを中心として複数の社会システムを組織したコミュニティである。この例は企業、医療機関、裁判所、行政組織、学術団体である。もう一つは四領域の社会システム群を未分化なまま包括するコミュニティである。この例は家族、地域自治体、国家である。

さて、ここからいよいよ、「場所」の思想に対する批評の核心にふみこむ。社会システムはコミュニティによって担われることで実際に機能する。コミュニティは人々のコミュニケーションによって維持される。コミュニケーションを通じて共有されるのは意味の《構造化》である。人々はコミュニケーションを通じて《構造化》を共有し、これを受け継ぎ、保持し、変形する。コミュニケーションなしにコミュニティは存続できない。コミュニティが存続しなければ社会システムも機能しない。人々のコミュニケーションから切り離されるとき、「全体的一」は抽象的観念になり、《構造化》も単なる形式にすぎなくなる。

個物と個物の関係は、やりとりされるものが電子・分子・情念・意味等の違いはあれ、すべてコミュニケーションである。無数のコミュニケーションがたえず生成しては消滅する。このネットワークの内部から、《構造化》に支えられて人間の四層のコミュニケーションシステムの統合体が立ち現れる。とすれば、西田が論理化した「場所」とは、包括的な全体的一の方向にある絶対的な一般者でもなければ、要素的全体的一の方向にある絶対的な個物でもなく、多種多様の《構造化》をたえず発生させるコミュニケーションのネットワークとして捉え返されることになろう。三木のいう「現実」（三木⑦五）も同様である。

結局のところ、三木は西田哲学を超えることができたのか。そして彼による〈超え方〉は二一世紀のデジタル社会の現実にどこまで届いているのか。その答えは、三木がコミュニケーションの《構造化》という視点をどの程度まで持ちえたかにかかっている。

註

（1） 森下直貴編著『生命と科学技術の倫理学――デジタル時代の身体・脳・心・社会』（丸善出版、二〇一六年）の序章で説明している。

（2） 詳しくは次の論文・著書を見られたい。森下直貴「人はなぜ「四区分」するのか――認識・行為・コミュニケーションの構造」（『知の越境と哲学の変換』所収、牧野英二他編、法政大学出版局、二〇一九年、九三～一一五頁）および前掲『生命と科学技術の倫理学』。

（3）三木にとって「構造」という用語はあくまで外的に見える形である。三木⑦一八。
（4）機能の概念について例えば次の論文がある。長坂一郎「機能のオントロジー」、『部分と全体の哲学』所収、松田毅編、春秋社、二〇一四年、二二九～二六一頁。
（5）出原栄一、吉田武夫、渥美浩『図の体系　図的思考とその表現』日科技連、一九八六年。
（6）以下の内容は、前掲「人はなぜ「四区分」するのか」および前掲『生命と科学技術の倫理学』のなかで展開されている。

第Ⅲ部

人間へのまなざし

――ヒューマニズムと哲学的人間学

8 〝ヒューマニズム〟とホモ・デウスの行方
――パトス・技術・フィクション

嘉指信雄

1 『構想力の論理』と『ホモ・デウス』

三木清の『構想力の論理』は、一九三七（昭和一二）年五月から一九四三（昭和一八）年七月まで『思想』に連載された研究ノートである。「神話」「制度」「技術」の三章は、『構想力の論理―Ⅰ』（一九三九（昭和一四）年七月）として出版され、ベストセラーとなったと伝えられている。第四章「経験」は、『構想力の論理―Ⅱ』として死後出版されたが、最後の章として計画されていた「言語」の章には至らず、全体的としては未完となっている。

しかし、構想力（想像力）と神話・制度・技術との関連を、カッシーラー、タルド、ヴァレリーなど、当時最先端のさまざまな思想を自由に参照しながら展開してゆく思索は、今日もなおきわめて刺激的である。

理性よりも構想力が人間と動物との最初の差異を形作る。（『創造する構想力』一七五）

制度はヴァレリーの言葉を借りればフィクションであり、或る「他の世界」を形作っている。……かようなフィクションは本能……からは説明され得ず、かえって知性的なものであるが、しかし単にロゴス的なものでなくて同時にパトス的なものであり、フィクションの根柢には構想力がなければならぬ。（同右、一二一）

神話の根底には技術的要求があるように、技術の根底には神話があるのである。或は言い換えると、すべての技術には何か呪術的なところがあると言うことができるであろう。（同右、一五三）

フィクション（擬制）を駆動している構想力（想像）こそ、人間をほかの動物から分かつものだとする三木の見方は、現在、世界的に注目されているユヴァル・ノア・ハラリの『サピエンス全史』や『ホモ・デウス』が一貫して強調している「共同主観的フィクション」（intersubjective fictions）の重要性を先駆的に主題化したものである。[1] もちろん、インターネット・生命科学・ＡＩなど、現代の科学技術の未曾有の展開を三木は見ずに終わってしまったが、〝新たなヒューマニズム〟の名のもとに三木が探求しようとした「パトス（情動）とロゴス（理性）」や「技術と神話」の絡み合いの問題こそ、「テクノロジーとサピエンスの未来」という副題[2]を添えられた『ホモ・デウス』が問いかけている問題でもある。本稿は、三木の〝新たなヒューマニズム〟の特長とその現代的意義を、以上のような視点と問題意識を共有するハラリの〝ヒューマニズム（人間至上主義）〟をめぐる両義的考察とも対比しつつ素描しようとする試みである[3]。

2　『新版　現代哲學辞典』における「ヒューマニズム」

構想力をめぐる三木の歩みは、『構想力の論理』に刻み付けられているわけだが、本稿では、一九四〇年頃の三木の思想が簡明かつ概括的に表わされているものとして、三木清編『新版　現代哲學事典』における「ヒューマニズム」項目を取り上げてみたい。昭和一六（一九四一）年三月二〇日刊行のこの哲学辞典は、奥付によると、同年五月五日には改訂再版が出され、早くも同年六月一日には改訂二八版となっているが、一九四二年には、絶版勧告を受けることとなる[4]。まず「序」に曰く――

……本辞典は専門的なる哲学の範囲にのみ止まることなく、広く現代社会に於いて現実の力となれる諸思想の解明を企てた。これ哲学は現実から離れることなく、現実と結び付かねばならぬとの見解に出ずるものである。……惟うに一国の学問の発達の水準は単に二三の専門家の研究の深度に依って測られるものでなく、国民の中に如何程学問が普及し日常の思惟の中に生きているかに依って定まるものである。本辞典は微力ながらかかる見地に立って計画せられたものである。（『新版　現代哲學事典』一～二）

岩波書店の出版事業に深く関わり、岩波新書、岩波講座などの企画を打ち出した三木の面目躍如たる序文であり、使われている紙の悪さにも窺われる、太平洋戦争開戦直前にあった当時の日本社会の状況を思うと強く打たれるものがある。「序」に続く「内容目次」は、アイウエオ順で、「アメリカ哲学、イギリス哲学、イタリー哲学、イデオロギー論、インテリゲンチヤ、……映画、……、技術、……、解釈学、現代哲学思潮、……、国家論、……、全体主義、……、日本精神、日本哲学、……、ヒューマニズム、……」と言った並び方となっており、「挿図目次」も、「ジェームズ、デューイ、……」といった始まり方になっているのは偶然であろうが、興味深い。（こうしたことも、「絶版勧告」につながった理由なのかどうか、定かではないが。）

三木自身が執筆を担当している項目は、「形而上學」「現代哲學思潮」「哲學史」「ヒューマニズム」「文化社会學」であるが、そのうちの「ヒューマニズム」が、この哲學辞典の全項目中、もっとも紙数がさかれている項目となっており、二四頁に及んでいる。ほとんどの項目は短く、長くても数頁の項目が多いなかで際立っており、当時の三木の思想が凝縮されたものとなっている。まず、西洋のヒューマニズムを歴史的に概括しつつ、三木は、「ルネサンスのヒューマニズムにおける一つの極めて重要な特色」として、「ヒューマニストは行動的人間を思弁的人間の上におくのである」、「ヒューマニストにとって行動的人間はつねに何らかの意味における技術家として理解されたということに特に注意しなければならない」と述べ、「悟性が十七・八世紀の啓蒙主義者の能力であるとすれば、ルネサンスのヒューマニストの能力はその豊富な想像力（構想力）である」と規定している（同右、四四三〜四四五）。

最後に「現代のヒューマニズムの問題」として、以下のような六つの点が挙げられている。

一　人間の作ったものが人間に對立し、やがて人間を束縛し抑圧するに至るということは歴史の根本法則である。人間が作るものはもと人間の発展のために作られるのであるが、それがやがて人間にとって桎梏に変化するに至る。このとき人間の解放が要求されるのであった、ヒューマニズムはそのような時代における人間の態度である。（同右、四五五）

二　ヒューマニズムは人間の解放を求めるのであるが、解放を求めるのは少数者の特権階級に対する大衆であるのがつねである。……ヒューマニズムは人間の革新と社會の革新を弁証法的統一において把握することが必要である。（同右、四五六）

三　人間は行為することによつてのみ眞に自己を形成することができる。しかも人間が自己を形成しうるのはつねに社会においてである。……けれども社会的になるということはヒューマニストにとって自己を失ふということではない。……行為は二重の超越において可能になる。しかも内における主体への超越は外における客観の超越の根拠であり、両者は対立であると共に統一であるといふことが考えられるのである。人間存在の有限性と無限性ということも同じやうにして弁証法的に把握されねばならぬであろう。（同右、四五六～四五七）

四　……形は歴史において変化するものであり、形の変化するところに歴史は考へられるのである。ヒューマニストは人間・社会・文化の新しい歴史的な形を求めてゆかなければならない。……伝統と創造との相撃つ激しい場面に身をおいて新しい形を形成してゆくことが、ヒューマニストの正しい態度でなければならぬ。（同右、四五七）

五　……ヒューマニストは文化が人間の品位を形作るものであることを堅く信じ、単なる政治主義に反対し、文化を破壊する野蛮にたいして文化擁護の立場に立つであろう。ヒューマニストはまた文化の国際性を信じる。（同右、四五八）

六　従来のヒューマニズムは審美主義的であった。……ヒューマニズムにおける審美主義の弁証法的止揚は技術の概念の正しい把握と拡大とに俟つべきものであろう。……技術の概念の社会的技術への拡張が考へられ、更に理性人間と工作人間との統一が考へられねばならぬ。また全体性の概念に関して構想力が重要な意味を有する……が、構想力はこの場合何よりも技術の中に求められねばならぬ。（同右、四五九）

ここには、作るもの、作られたもの、形、技術、構想力など、三木哲学を突き動かしている基軸的な諸主題の統合として〝ヒューマニズム〟概念が捉えられていることが明確に表れている。しかしながら同時に、主体への超越と客観への超越、有限と無限、理性人間と工作人間といった対立的次元のあいだの問題が、三木自身がすでに自覚し始めていたように、「弁証法的統一」という表現によって図式的に処理されてしまっていることも露わになっている。実際、この項目の最後は、「しかし人間のあらゆる行為を根本的に制作的・表現的と見る「制作人間」――理性人間と工作人間の統一として――の哲学並びに構想力の哲学によって新しいヒューマニズムの基礎を明かにするという我々の見解を展開することはここでは断念しなければならぬ。ただわたしはゲーテ以降恐らく西田哲学がこの問題に関して最も深い思想を述べているということにたいして読者の注意を喚起しておかう」と結ばれている（同右、四四三〜四五九）のだが、これは、そうした「新たなヒューマニズム」を賦活すべき「構想力の論理」がいまだに探求の途上にあったこと、あるいは根本的困難に直面していたことの告白であったとも読み取れるのではないか。

3　フィリピンでの体験――打ち砕かれた「後方の観念論」

　実際、一九四二年、陸軍報道部員として徴用され、フィリピンで十か月のあいだ、占領統治の実際に深く関わった結果、三木は、自らのそれまでの思索に対する全面的かつ原理的な再考を迫られることとなる。フィリピン滞在中の三木の仕事と生活に関する資料を渉猟・検討した平子友長は、「太平洋戦争の最前線とフィリピン人という他者との出会いという現実的経験」のなかで「後方の観念論」の限界を思い知らされた三木は、「これまでの自己の哲学の本質的部分さえ放擲し、再構築というよりは、むしろ新構築といった方がふさわしい論理を模索し始めている」と、その「最後の三木清」で書いている（『遺産としての三木清』三三一～三三三）。

　三木の獄死によって、何よりも実証的精神を重視し「客観的に物を造る立場」（同右、三四五）に依拠しようとする、その「新しい論理」の具体的展開は叶わなかった。しかし、「現地の民衆に政策を伝達する」（同右、三三七）にあたっての通訳・翻訳の決定的重要性を思い知らされた三木の「修辞学」は、たとえば、敗戦後早々、「言葉のお守り的使用法」（一九四六[5]）によって、戦中の現実離れした言葉（国体、八紘一宇など）の跋扈を批判した鶴見俊輔の仕事などとも連携する言語行為論として姿を現したのではないだろうか。

4　批判的ヒューマニズムに向けて

三木の『技術の哲学』が上梓されたのはフィリピン赴任中の一九四二年であり、戦後世界におけるテクノロジーの前進、とりわけ最近二、三〇年におけるインターネット・生命科学・AIなどの展開は、三木が思いもしなかったところであろう。しかしながら、「構想力は……何よりも技術の中に求められねばならぬ」と確信し、「理性人間と工作人間の統一」にこそ「現代のヒューマニズム」の使命を見ていた三木の哲学的ヴィジョンの核心は、現代においてもその意義を失っていない。いや、冒頭でも言及したように、Y・N・ハラリの『ホモ・デウス――テクノロジーとサピエンスの未来』などが提示する問題に通底するものといえよう。『ホモ・デウス』の中心的テーゼ・問題提起をいくつか見てみよう――

人間の感情や欲望や経験にこれほどの重要性を与えた文化はこれまでなかった。人生は経験の連続であるという人間至上主義[6]の見方は、観光から芸術まで、現代のじつに多くの産業の基盤を成す神話となった。（「第七章　人間至上主義革命」下・五五）

肝心の問題は、オウムや人間が内なる欲望に従って行動できるかどうかではなく、そもそもその欲望を選ぶことができるかどうか、だ。……

……その人の決定を示す脳内の神経の活動は、本人がこの選択を自覚する数百ミリ秒から数秒前に始まるのだ。……私は自分の欲望を選ぶことはない。私は欲望を感じ、それに従って行動するにすぎない。(「第八章　研究室の時限爆弾」下・一〇七～一〇八)

データ教(7)

あなたの感情は、無数の先祖の声だ。その先祖のそれぞれが、容赦のない環境でなんとか生き延び、子供を残した。あなたの感情はもちろん完全無欠ではないが、他の手引きの源泉のほとんどよりは優れている。何百万年にもわたって、感情は世界で最高のアルゴリズムだ。……

ところが二十一世紀の今、もはや感情は世界で最高のアルゴリズムではない。……あなたは自分の感情に耳を傾けるのをやめて、代わりにこうした外部のアルゴリズムに耳を傾け始めるべきだ。(「第9章　知能と意識の大いなる分離」二三八～二三九)

ハラリが論ずる“humanism”は「人間至上主義」と訳されているように、三木の「ヒューマニズム」

とは異なり、否定的な価値づけを持つように見えるが、「感情や欲望や経験」を重視するのは、「パトス」を基軸とする三木の人間観と同様であり、また、「知能と意識の大いなる分離」[8]とは、三木の用語では、「ロゴスとパトス」が分裂してしまっている事態である。AI（人工知能）自身が操作能力を高めてゆく「機械学習」を応用したがん診断、自動運転、さらには楽曲生成システムなど[9]、今までは不可能と思われていた分野において、人間の知能（ロゴス）をはるかに凌駕するAIが登場してきている。人間とAIが協働することによる新たな可能性も広がりつつあるが、人間の意識・感情（パトス）が果たす役割は多くの活動分野において縮小してきており、膨大な数の人間が「無用者」となってしまう時代の到来が危惧され始めている。

また、人間至上主義が前提とする諸価値（生命、自律、経験）の一面的な追求は、人間自身を束縛し、悲惨な状態に陥らしめる。ハラリも指摘するように、「人間至上主義の台頭は、その凋落の種も孕んでいる。……私たちはこの過程が進んでいるところを高齢者病棟ですでに見ることができる。人命は神聖であるという、妥協の余地のない人間至上主義の信念のせいで、私たちは「このどこが神聖なのか？」と問わざるをえない哀れな状態に至るまで人を生き続けさせる」（「第七章　人間至上主義革命」下・八七）。

アメリカの神学者ラインホルト・ニーバー（一八九二〜一九七一）による「静謐さの祈り」は、「神よ、私が変えることはできない物事は受容する静謐さ、変えることのできる物事は変える勇気、そして、これらの違いを知る聡明さを私にお与えください」[10]と訴えたが、現代において我々人間が直面しているのは、「変えることができない物事」と「変えることができる物事」の境界がテクノロジーによって日々変わり続けているために、まさにそうした両者の違いを見定めることができず、「受容する静謐さ」を得ることが極めて困難であることにある。

しかし、『ホモ・デウス』は、以上のような「テクノロジーとサピエンスの未来」を確定的なものとして描き出しているのではなく、人間が変えうる一つの方向性として提示しているのである。その点において、ハラリの"humanism"は、構想力による「作られたもの」から「作るもの」への転換、形の変容としての歴史を説く三木の「ヒューマニズム」と軌を一にしている。

共同主観的（intersubjective）なものを生み出すこの能力は、人間と動物を分けるだけではなく、人文科学と生命科学も隔てている。……人文科学は共同主観的なものの決定的な重要性を強調する。……イデオロギー上の虚構がDNA鎖を書き換え、政治的関心や経済的関心が気候を再設計し、山や川から成る地理的空間がサイバースペースに取って代わられるからだろう。人間の虚構が遺伝子コードや電子コードに翻訳されるにつれて、共同主観的現実は客観的現実を呑み込み、生物学は歴史学と一体化する。……私たちには、この世界に意味を与えている虚構を読み解くことも、絶対に必要なのだ。（「第三章　人間の輝き」上・一八八〜一八九）

歴史を学ぶ目的は、私たちを押さえつける過去の手から逃れることにある。歴史を学べば、私たちはあちらへ、こちらへと顔を向け、祖先には想像できなかった可能性や祖先が私たちに想像してほしくなかった可能性に気づき始めることができる。……世界を変えようとする運動は、歴史を書き換え、それによって人びとが未来を想像し直せるようにすることから始まる場合が多い。(「第一章　人類が新たに取り組むべきこと：知識のパラドックス」上・八〇～八一)

現代テクノロジーによる「人間のアップグレード」や、機械と人間が混交してゆく「サイボーク」化といった状況は、西田・三木流の「作られたものから作るものへ」の創造的変容の視圏にはほとんど入っていなかったであろうし、ハラリの指摘する「知能と意識の分離」という問題状況は、「ロゴスとパトスの弁証法的統一」といった図式的レトリックでは対応できない次元のものである。しかし、人間の想像力が生み出す、価値や理想を含む、広い意味でのフィクションこそが、客観的現実と融合しつつ、歴史的世界を方向づけて行く——こうしたヴィジョンは、人間自身が引き起こした環境危機のさなか、さまざまな方向から〝ポスト・ヒューマニズム〟が唱えられるなかでこそ、人間の構想力の可能性と責任を改めて問う、あるいは、人間の構想力に賭けようとする、いわば、〝批判的〟ヒューマニズムの試みであると言えよう(11)。

註

（1）「無数の見知らぬ相手と非常に柔軟な形で協力できるのはサピエンスだけだ」：「大規模な人間の協力はすべて、究極的には想像上の秩序を信じる気持ちに基づいている（『ホモ・デウス』一六六及び一七八）。
戦後日本における試みとしては、吉本隆明の共同幻想論や廣松渉の共同主観的構造論などが思い起こされよう。

（2）英語版（2016）のタイトルは、*Homo Deus: A Brief History of Tomorrow* である。なお原書はヘブライ語版（2015）。

（3）二〇〇七年六月に著者が三木清研究会にて行った講演「三木清と〝ハイデガーの子どもたち〟――哲学と戦争の時代」は、「パトスの共生空間――ハンナ・アーレントと三木清」（緒形康編『一九三〇年代と接触空間――ディアスポラの思想と文学』双文社、二〇〇八年三月）として公刊されており、本稿はその基本的主題の展開としてある。

（4）参照「三木清略年譜」、内田弘編『三木清　東亜協同体論集』（二〇〇七年）二五九―二六五。

（5）言語行為論の枠組みを提示したJ・L・オースティンの *How to Do Things with Words*（日本語訳名『言語と行為』）の出版は一九六二年である。

（6）原語は“humanism”である。

（7）原語は“data religion”であり、当然、引用後半での言明は、批判的問題提起としてなされている。

（8）原語は“intelligence”である。

（9）「デイヴィッド・コープ（カリフォルニア大学音楽学教授）が……最初に完成させてプログラムは、EMI（Experiments in Musical Intelligence）と名付けられた。バッハの作風を真似るのが専門だった。このプログラムは、書くのには七年かかったが、いったんでき上がると、たった一日でバッハ風の合唱曲を五〇〇〇も作曲した」。

（ハラリ　二〇一八：一五四）

（10）よく知られたこのバージョンの原語は、以下の通りである。"God, grant me the serenity to accept the things I cannot change. Courage to change the things I can, And wisdom to know the difference."

（11）しかしながら、三木の構想力論は、たとえば、カッシーラー（一八七四〜一九四五）の遺稿『国家の神話』と比べると、想像力が持ちうる病的・破壊的な力についての考察が弱い。この点については、清眞人「三木パトス論の問題構造」（『遺産としての三木清』所収）が詳しい。一方、三木の構想力論を現代思想の地平において捉え直そうとする先駆的試みとしては、Krummel 2017を参照。

参考文献

内田弘編・三木清著『三木清　東亜協同体論集』（こぶし文庫、二〇〇七年）
嘉指信雄「パトスの共生空間――ハンナ・アーレントと三木清」、緒形康編『一九三〇年代と接触空間――ディアスポラの思想と文学』（双文社、二〇〇八年）
カッシーラー、エルンスト『国家の神話』宮田光雄訳（創文社、一九六〇年／講談社、二〇一八年）
三木清編『新版　現代哲學辭典』（日本評論社、一九四一年）
三木清『創造する構想力』解説・大峯顯（燈影舎、二〇一六年）
清眞人・津田雅夫・亀山純生・室井美千博・平子友長『遺産としての三木清』（同時代社、二〇〇八年）
ハラリ、ユヴァル・ノア『ホモ・デウス――テクノロジーとサピエンスの未来（上・下）』（河出書房新社、二〇一八年）
Krummel, John W.M. "Creative Imagination, Sensus Communis, and the Social Imaginary: Miki Kiyoshi and Nakamura Yūjirō in Dialogue with Contemporary Western Philosophy." In Michiko Yusa (ed.), *The Bloomsbury Research Handbook of Contemporary Japanese Philosophy*, Bloomsbury. pp. 255-284. 2017.

9　二つの『哲学的人間学』の行方——三木清と高山岩男

菅原　潤

両者の共通点

数ある京都学派の哲学者たちのなかであえて三木清と高山岩男を較べて論じることを訝しく感じる向きがあると思われるが、そこには三つの理由がある。

一つ目の理由はいずれも西田哲学に深くコミットしているからである。高山は西田幾多郎本人以外で西田哲学を解説した最初の人物であり、「西田先生の教を仰ぐ」の公表後に西田との関係をこじらせてきた田辺元の関係を修復すべく、『場所的論理と呼応の原理』を刊行した。三木は西田がポイエーシスについて論じるようになって以降は、俄然として西田哲学の展開に注目した。二つめの理由は、両者がヘーゲルの弁証法に何がしかの不満を抱いているからである。三木は自らの著書の『唯物史観と現代の意識』が日本共産党の関係者から批判を受けてからは、マルクス主義では割り切れない独特のパトス論を展開した。高山はヘーゲル研究者でありながらヘーゲルの掲げる理性万能主義に不信感を抱いていて、人間の哲学を作り上げなければならないと考えていた。そして三つめの理由は、両者が『哲学的人間学』という同名の著作を計画していたからである（ただし三木の著書は未完）。同じ書名の著書を計画したということは、両者が近い場所にいることをもっともよく示す証拠だといっていいだろう。

高山岩男の場合

先に高山の『哲学的人間学』を扱うが、その前にこの語と高山との関係を若干考察しておきたい。「哲学的人間学」という語を最初に用いたのは、マックス・シェーラーである。高山の回想録『京都哲学の回想』によると、京大入学当時の演習の講読として用いられたのが、シェーラーの主著である『倫理学における形式主義と実質的価値倫理学』であり、その延長で高山は一般的には新カント派に分類されるエルンスト・カッシーラーの『象徴形式の哲学』に出会うことになる。この本で引用される該博な文献的知識に魅せられて、自らの『哲学的人間学』を構想することになった。

『哲学的人間学』の序の部分で高山は「精神の現象学」ではなく「人間の現象学」を考えたい旨のことを述べることで、ヘーゲル哲学の掲げる思弁的理性では捉え切れないものを考えるのが「哲学的人間学」の内容だということを宣言する。高山自身が示す『哲学的人間学』の見出しを示しておくと、

（一）「生む」に基く人間的現象の解明。――人間の原本的社会性の解明。すなわち血、性、世代、土

などの内的自然からの人間の解明。並びにそれに基く人格性の解明。――第一章「人間の原本的社会性」

(二)「作る」に基く人間的現象の解明。――作為的労働経験からの人間およびその発展の解明。これは次の三つの課題に分れる。(イ)身体的労働に基く実在の会得。(ロ)技術と知性の発展。(ハ)労働の発展に伴う社会の発展。――第二章「労働の現象学」

(三)「成る」に基く人間的現象の解明。――文化の表現的基礎からの解明と発展方向の解明。並びに人間の究極的自覚における超越者の解明。――第三章「文化の人間学的研究」(『高山岩男著作集』第二巻、二〇〇七年、五一～五二頁)。

という具合である。ここで挙げられている「生む」「作る」「成る」の三つのキーワードは、田辺の「種の論理」の構想を補完するものとして考えられている。先述のように高山はこうした論理至上主義的な立場に最初から疑念を抱いていて、田辺的な「種」に人間学的な肉づけをしたと言える。なおここで挙げた『哲学的人間学』の構成は、三木の民族についての考え方を対比する際に重要なものになることを、あらかじめ申し上げておく。

その上で高山は必ずしも田辺が意識していなかった「種」の様相として「成る」があることを強調する。これは突き詰めれば表現活動で、言語・慣習・神話などが相当する。そしてこの「成る」を扱う章は最終的には超越者の問題にぶつかるとされ、その部門を敷衍したのが、後続する『文化類型学』ということになる。この他にも第二章の労働の現象学には、田辺譲りの非マルクス主義的分析が見られるなど興味深い問題群があるが、いったん高山についての話は打ち切って、次に三木清の『哲学的人間学』について見てゆく。

「人間学のマルクス的形態」について

次に三木の場合に注目しなければならないのは、最初の著作が『パスカルに於ける人間の研究』だという事実である。書名には「人間学」の表示はないものの、三木の当初からの関心が「人間」にあったことはこれで判明する。次に注目したいのは、先述の『唯物史観と現代の意識』に収められた論文「人間学のマルクス的形態」において人間学、ドイツ語で言うところのアントロポロギーが主題的に取り上げられていることである。

ここで三木は「基礎経験」から議論を始め、その「基礎経験」に「第一次のロゴス」を帰着させる。「第一次のロゴス」はそのまま「我々の生の現実の中に織り込まれ、我々の生の表現も制作もこのロゴスの見地から意味づけられ、実行され、更に進んでは、我々の生の表現も生産もただそれの見地からしてのみ認識され、評価される」という。こうした「第一次のロゴス」に基づいて人間が自己解釈をすることを、三木は「アントロポロギー」と呼ぶ。ここから三木はイデオロギー論に進む。つまり人間が自己解釈して成立したはずの「アントロポロギー」が「却て生そのものを抑制し、厭迫するに到る」局面があり、そこから「旧きロゴスに反対し反抗」する「新しきロゴス」が要求される。このロゴスが「第二次のロゴス」あるいは「イデオロギー」と呼ばれ、アントロポロギーとイデオロギーの違いが説明される。

こうして見ると、この時期の三木には学派的には相異なる二つの流れが混在していることを指摘することができる。キーワードとなる「アントロポロギー」と「イデオロギー」がそれぞれ「自己解釈」と「自己了解」と言い換えられるが、こうした言い方は明らかにディルタイ由来の解釈学経由のものだと考えて構わない。またディルタイと言えば非マルクス主義的なドイツ観念論解釈を志す哲学者だから、マルクス主義からの弁証法理解の研究という方針とは相容れない。他方で「イデオロギー」というのは明らかにマルクス主義的な用語である。

『文化類型学』から『世界史の哲学』へ

ここから知られるのは、先ほど取り上げた高山の『哲学的人間学』がシェーラーやカッシーラーといった、ヨーロッパで一般的に「人間学」と呼ばれる分野を換骨奪胎して自らの議論を構築しているのに対し、三木はそうした伝統的な議論からかなり自由に自分の立場を模索しているということである。今度はふたたび高山の次の著作『文化類型学』を検討して、そこで得られる文化多元主義的な議論が三木の『哲学的人間学』とどのように違うかを見ていく。

『文化類型学』は、民族の間で文化的な相違があることを前提とし、ギリシア文化・インド文化・キリスト教文化・仏教文化・中国文化・西洋文化・日本文化という具合に文化が区別される。こうした文化多元論的な議論が次の著作の『世界史の哲学』になると侵略主義的なものに変質したのは、京大の西洋史家の鈴木成高が自分の専門とする西洋史の知見を高山の構想に盛り込むよう強く迫ったので、相対的に近代化の進んでいる理由により中国に対する日本の優位性を主張するように高山が傾いたからだと言える。それでは三木の『哲学的人間学』の性格はどういうものになるのか。

『イデオロギーとパトロギー』

そのためには『哲学的人間学』執筆開始と前後して発表された『イデオロギーとパトロギー』を検討する必要がある。ここで三木はマルクス主義と密接に関係する芸術の模写説との関連で、主体に対して超越するものには二種類あると指摘する。一つは人間の意識の外部に何かが存在するという認識で、これが芸術の模写説の後ろ盾になっている。もう一つの超越が「内に向って意識を超越する」というもので、これを三木は「客体とはいわれず、主体といわねばならぬ」と言う。この場合の「主体」は「内的な身体或いは物質」とも言いかえられ、そこから「パトス」の重要性が説かれる。

「パトス」は「ロゴス」としばしば対置される語で、「ロゴス」が能動的で理性的であるのに対し、

「パトス」は受動的で非理性的だとされるが、受動的で外界からの情報に左右される感情とか感覚とは違い、なんかイライラするとかワクワクするとかいった、必ずしも原因が特定できない身体的反応だと考えればいいだろう。そう考えるとパトスは無意識と関係しそうに思えるが、パトスを通じて三木は人間の意識的側面から無意識的側面へと垂直的に掘り下げるのではなく、むしろ個人を超えて社会へと水平方向へと思考を進めてゆく。そこで重要になるのが「社会的身体」という一風変わった考え方であり、そしてこれを追求するのが三木の『哲学的人間学』ということになる。

「社会的身体」

まず三木は、必ずしも動物から完全には区別されない「生のうちに含まれる第一次の人間学」に加えて「外的には生と、一方では芸術、他方では哲学と、の間に位するることによって特徴付けられる」もう一つの人間学の領域があると考える。この領域は「生そのものに属せず、寧ろ生の表現」だが、その表現が次第に学的に反省された上で方法的に自覚されると考えられていて、その内容が「哲学的人間学」として高められると言う。ここで注意したいのは、ここで言われている自覚は単なる自己意識に限定されず、主観を超えた領域にまでおよんでいるということである。とりあえずこの領域が客観ではなく「相互主観性」ないし「間主観性」と見なされたうえで、「社会」と名づけられる。その理由は社会は単なる個人の集積ではなく、構成する個人とは別の意思が社会に働いていると考えるべきだからである。

ここまで来ると、三木の『哲学的人間学』の目論見がようやく見えてくる。通常であれば主観を超えた次元として身体的なものが求められるが、ここでは逆にまず身体があって、それが個体として限定されているという書き方がされている。それにしたがわないと明確な罰則が課せられないものの、自分だけでなく他の人たちも居心地のよくない思いをする習俗を例に取れば、三木の言う「社会的身体」というのは、そうした社会的な拘束力の意味合いをもったものだと考えることがでる。そこから三木は社会的身体を民族の問題と結びつけるようになり、この視点からシェストフ的不安から能動精神への転換が読み取れる。

「東亜民族」という視点

社会主義からの転向を主題化した著作として読まれていたシェストフの『悲劇の哲学』を、三木はまず新たなリアリティを模索する哲学・文学として捉え、そこから不安の心理を能動精神に転化する。先ほどのパトスの議論に戻ると、「不安」というわれわれの主観を超える領域は、必ずしも無意識の理論のように個々の主観の内部へと垂直的に沈潜する方向で見出されなければならないわけではなく、むしろ相互主観的な横への超越を目指す道があることが示唆される。そうなるとシェストフの不安の哲学・文学が提示する「非日常的なリアリティ」も、ある種の集団的な主体が感得するものだと捉えることができる。そうなると各自の主観レヴェルでは受動的な経験にすぎなかった「不安」が、集団的主体を鼓舞する「ある種の能動的精神」を提示すると考えることもできる。

「能動的精神」を唱えるようになってからの三木は、一躍マスコミの寵児として歓迎されることになる。当時紀伊国屋出版から出された雑誌『行動』では三木が音頭をとるかたちで「能動精神座談会」が催される。その出席者の多くは盟友の戸坂潤をはじめとしてなんらかのかたちで社会主義運動に挺身した知識人であり、このことにより『唯物史観と現代の意識』の批判を受けてからマルクス主義への関心を捨てたかに見えた三木が、左翼知識人の眼を期にしていたことが確認できる。

これと平行して民族に対する関心も三木のなかで高まってゆく。その直接的なきっかけは一九三七年に始まった日中戦争である。当時の三木は、京大の学生時代に授業を聴講していた関係で西田と知己になった有力な政治家である近衛文麿の主宰する昭和研究会に属していたが、その研究会で三木に日中戦争の世界史的意義について語ってもらう話になった。そこで講じられたのが「支那事変の世界史的意義」であり、この講演会で三木は日中の改革が表裏一体のものとするなかで戦争を遂行する必要性を説くまでにいたる。この講演は、少し前までは転向した左翼知識人の再結集を呼びかけたものとして高く評価されたが、この後に「民族の哲学」と題された、高山岩男の盟友である高坂正顕との対談で三木が「東亜民族」を説くようになった事実と併せて考えると、侵略主義的な構想だと言われるようになっている。

座談会で高坂はまず「血と地」から民族を捉える考え方を批判し、自然的世界とは別の歴史的世界の主体として民族を考える視点を提示する。この意見はパトスにもたれかかる三木の『哲学的人間学』を批判するとともに、労働の現象学を通じて民族文化の問題を考えるとする高山の『哲学的人間学』を擁護するものだと考えられる。これに対して三木は、自然的素質を十分に考慮しないと「民族主義的な歴史論というものの根拠が弱くなりはしないか」と疑念を呈する。その上でもしも民族が歴史的に形成されるならば、それは「世界」に行き着くのではないかと応酬するが、今度は高坂が「民族と世界の相互限定」を考えるべきだと主張する。

　そのうち両者の議論は、次のようにして民族が複数存在するのが現実的かどうかの話題に収斂してゆく。その際に三木が提示するのは「東亜民族」という耳慣れない表現である。

三木　ある民族は栄え、或る民族が滅ぶというとき、そこにヘーゲルのいった世界史の審判というようなものが考えられないかね。

高坂　つまり、或る一つの民族が他の民族を媒介にして自分の大を成すのですよ。その際、媒介にあり手段になるものは皆文化的な意味をもつ。経済にしても何にしても。

三木　他の民族を媒介するというのは、その民族を滅ぼして？

高坂　そうではない。それは旧い形の観方だと思う。

三木　少くとも今まではそういう形をとって来た。

高坂　それはイギリスが植民地政策的にやって来た仕方なんで、そのやり方は却って今或る行き詰りに面している。植民地政策式のやり方でもって、他の国を利用するということは過去の形態だ。
三木　君の媒介というのは、民族ではなく文化の概念が中心にはなりはしないかね。
高坂　そこで新しい意味の民族概念が必要だと思う。
三木　そうして、君の考えでゆけば、東亜民族というような一つのものが出て来ると考えられないかね。
高坂　そのように考えるのは民族の否定だ。（『文芸』一二月号、一九四一年、一〇頁）

ここで三木は通常とはかなり異なった「民族」の考え方をしている。高坂や高山にかぎらないが「日本民族」「朝鮮民族」という具合に、通常は民族が複数存在することが前提される。けれども三木の場合「民族」は直接「世界」へとつながるものなので「東亜民族」という表現をしたり「支那事変の世界史的意義」を語ったりするわけである。こうした考え方が何に由来するかと推測すると、『哲学的人間学』で論じられたパトス論に行き着く。

三木にとってパトスとは、その個体としての限定が個々の主体とでも言われるような社会的身体であり、そしてこのパトス論が、これより先の「人間学のマルクス的形態」で言われているイデオロギーから置き換えられている事実を踏まえると、三木にとって「民族」とは国際的な広がりをもつ万国のプロレタリアートに相当するのではないかと考えることができる。けれども通常「民族」とは共通の文化や言語を分かち持つ集団であるはずである。同じように経済的窮乏をしていても言葉の壁が立ちはだかって万国のプロレタリアートがマルクスの言うようになかなか団結できない事実を考慮すると、三木の言うような「民族」は、どこか社会的夢想のようにも感じられる。

ロマンティックな三木、リアリスティックな高山

もちろん「支那事変の世界史的意義」をくわしく検証すると、三木は日本民族が中国民族を同化するのが必然的だとは言ってはおらず、その逆もあり得ると語っているのだから、彼が偏狭なエスノセントリズムに陥ってはいないのは明らかである。けれどももしも「東亜民族」が実現したら、三木自身の培っていた精神はどこに行ってしまっているのだろうかという、そういう当事者意識が欠けている印象が拭えない。このように考えると、三木が最初急速に接近したマルクス主義の理解もどこか浮ついたものではなかったと考えざるを得ない。

実をいえば、自分が社会科学向きではないことは三木自身が自覚していたらしく『読書遍歴』では次のように書いている。

あの第一次世界大戦という大事件に会いながら、私たちは政治に対しても全く無関心であった。或いは無

関心であることができた。やがて私どもを支配したのは却ってあの「教養」という思想である。そしてそれは政治というものを軽蔑して文化を重んじるという、反政治的乃至非政治的傾向をもっていた、それは文化主義的な考え方のものであった。あの「教養」という思想は文学的・哲学的であった。それは文学や哲学を特別に重んじ、科学とか技術とかいうものは「文化」には属しないで「文明」に属するものと見られて軽んじられた（『三木清全集』第一巻、一九六六年、三八九〜三九〇頁）。

このように言うには三木は民族と不可分なはずの文化にさほど気を遣っていないように思えるが、若い時分に書いた『語られざる哲学』をみると一時期文芸評論家に転向しようかと真剣に悩んだことがあったようなので、三木にとっての文化とは文学とイコールのように思える。だからこそシェストフの文芸批評に敏感に反応したと考えられる。

その後の三木はパトスに対する興味を持続させ、絶筆となる『構想力の原理』の第1章では神話が取り上げられる。神話となれば、高山の『哲学的人間学』においては文化の人間学的研究の基礎に置かれるもので、その後に書かれた『文化類型学』で扱われる民族文化以前の問題である。さらにいえば、先に扱った座談会「民族の哲学」において三木が民族と直結させた「血と地」の問題は、高山の言うところの人間の原本的社会性に相当するが、高山の『哲学的人間学』では文化の人間学的研究と人間の原本的社会性を結びつけるはずの労働の現象学についての関心が、三木において完全に欠落していることは、注意を払うべき事柄である。つまり通常の理解であればマルクス主義的な三木の方が、マルクス主義でもっとも肝要な労働の分析をおこなってはおらず、マルクス主義に批判的なはずの高山の方が、労働についての一定の考え方を示しているという、きわめて皮肉な事態が導かれる。

そう考えると能動精神を提唱した時代の三木が、日本浪曼派の論客である保田与重郎をこき下ろしたのは、三木自身のなかにロマンティックな心情があったがゆえのことだと推察できるし、また戦後の有力なマルクス主義哲学者である広松渉を、高山が高く評価したのも、高山自身にリアリスティックな現状分析の視点があったからだと思える。こういう通常とは正反対の見解が導かれる可能性を想定しながら、今後の京都学派と三木清の哲学は研究されなければならないということを結論としたい。

10 幸福について――『人生論ノート』を読む

岸見一郎

ヘラクレイトスが「同じ川には二度入れない」といっている。私は三木清の『人生論ノート』を若い頃から折に触れて何度も読んできたが、人生のどの段階においても、再読すれば必ず新しい意味を読み取ることができた。同じ本でもそれを読むその時々の自分は前とは同じではないからだ。

本稿では、三木が幸福についてどう考えているかを見ることで、一見難解な『人生論ノート』を読み解く突破口を見つけたい。

ものいわぬ三木の思いを伝える

三木清は、『人生論ノート』の孤独について論じた章で、アウグスティヌスを引き合いに次のようにいっている。

アウグスティヌスは、植物は人間から見られることを求めており、見られることがそれにとって救済であるといったが、表現することは物を救うことであり、物を救うことによって自己を救うことである（三木①二六五）

三木は物いわぬ、あるいはいえない人のことを植物に喩えているように読める。治安維持法違反の嫌疑で逮捕され拘留された三木は、戦争が終わっても釈放されることなく無念の獄死を遂げた。三木も今は言葉を発することができない。早世した三木は語りたいことがあったに違いない。三木がいおうとしたことを表現することが、三木を、そして自分を救うことになる。

秀逸なタイトルに惹かれ、『人生論ノート』を手にしたが、読み始めると難解でたちまち行き詰まったという人も多いのではないかと思う。しかし、この本は決して無味乾燥な論文ではなく、そこには多くの生きるための知恵や指針が説かれている。

やがて見るように、人は幸福に〈なる〉のではなく、人は幸福で〈ある〉のだが、まず三木に従って、幸福と成功を対置し、その後、普通の言葉遣いに従って、どうすれば幸福になれるのかを考えてみたい。

人は幸福に〈なる〉のではなく幸福で〈ある〉のであれば、幸福であることに気づくことが幸福になることである。

幸福の要求

三木は、

幸福の要求がすべての行為の動機であるということは、以前の倫理学の共通の出発点であった（三木①二〇六）

といっている。

古代ギリシア以来、誰もが幸福になることを望んでいるのであり、幸福は人間が生まれながらに持っている願望であることが「共通の出発点」だった。それゆえ、幸福は求めなければ求めないでいられるようなものではなく、議論できるのは、どうすれば人は幸福になることができるかということだけである。どうすれば幸福になれるのかということを、考えたことがない人はいないだろう。しかし、幸福になりたいと思っても、そう思うだけでは幸福にはなれない。さぞかし幸福な人であろうとまわりの人が思っていても本人が幸福だと思っているとは限らない。なぜ幸福になれないのか。幸福になるための手段の選択を誤るからである。

三木はすぐ後で見るように、幸福と成功を対置するが、成功することが幸福であると考える人がいる。これは今日ほとんど常識といってもいい考え方だが、成功すれば本当に幸福になれるかは自明ではない。

幸福と成功は違う

三木は次のようにいっている。

成功と幸福とを、不成功と不幸を同一視するようになって以来、人間は真の幸福が何であるかを理解し得なくなった（三木①二七三）

いい学校に入り、いい会社に入るというような成功を目標にして生きる人は今日でも多い。そのような人は幸福を目指しているが、成功を幸福になることの手段であると考えている。成功と幸福を同一視しているのである。反対に、成功しなければ不幸になるという意味で不成功と不幸を同一視している。

しかし、三木は成功と幸福を同じものとは考えない。

まず、

成功というものは、進歩の観念と同じく、直線的な向上として考えられる。しかるに幸福には、本来、進歩というものはない（三木①二七二〜二七三）

また、

幸福が存在に関わるのに反して、成功は過程に関わっている（三木①二七四）

と三木はいう。

幸福であるためには、何かを達成しなくてもいいのであり、今ここで生きていることがそのまま幸福であるということである。

三木がいう「以前の倫理学」は「幸福の要求がすべての行為の動機である」ということを出発点にするが、三木の主張の独自な点は、行為の動機としての幸福は未来にあるのではなく、「今ここ」にあるということ、つまり、人は幸福に「なる」のではなく、幸福で「ある」と見る点である。

次に、

純粋な幸福は各人においてオリジナルなものである。しかし成功はそうではない（三木①二七五）

幸福は、一般的な成功とは違って、「各人においてオリジナルなもの」なので、他の人には理解されにくい。何代も続いた医院に生まれた子どもが医学部に入り、家業を継ぐというのはわかりやすい一般的な成功の例だが、そのような境遇に生まれたからといって、しかも学校の成績も抜群によくても、医師にならないという人がいれば、多くの人にとってその人の選択を理解することは難しいだろう。

第三に、

幸福は各人のもの、人格的な、性質的なものであるが、成功は一般的なもの、量的に考えられ得るものである（三木①二七三）

先に見たことに加え、ここでは幸福が性質的なものであるのに対して、成功は量的なものであるとされている。

本がベストセラーになるというような数字として表される成功は他者から追随されたり、嫉妬されることがあるが、幸福は追随も嫉妬もされない。量で表されない幸福は理解されないのである。今日、幸福度を測るような試みが行われるようなことがあるが、本来性質的なものである幸福を測ることはできないのである。

リルケは自分が書いた詩の批評を求める若い詩人に、そのようなことは今後しないようにといった。そして、書かずにはいらないのかということだけを自分に問うようにといった。これはリルケがまさにそのように思って詩を書いていたということであり、世間的な成功を求めなかったということである。彼に詩を送ってきた詩人にリルケは自分の詩集を進呈したいと思ったが、自分で自分が出版した詩集を買えなかった。それほど貧しかったが、そんな彼が幸福でなかったとは私は思わない。

このように幸福と成功の違いを見ていくと、われわれは実はすでに幸福なのであり、この上何かを成し遂げよう、つまり成功しようと思わなくてもいいことになる。

人間的な幸福

さて、幸福の要求がすべての行為の動機であるならば、三木が「今日の人間は幸福について殆ど考えないようである」（三木①二〇四）といっているのなぜか。幸福について考えないのではなく、幸福について考える気力をさえ失わせてしまったほど不幸であり、幸福について考えることが不道徳なことのように感じられる時代に三木は生きていたのである。

良心の義務と幸福の要求とを対立的に考えるのは、近代的リゴリズム（厳格主義）である。これに反して私は考える。今日の良心とは幸福の追求である、と（三木①二〇五）

三木の生きた時代を考えると、良心の義務という言葉で人々が思い浮かべたのは滅私奉公であったり、自己犠牲の奨励だったたであろう。個人の、あるいは、人間的な幸福を追求してはいけなかったのである。

社会、階級、人類、等々、あらゆるものの名において人間的な幸福の要求が抹殺されようとしている（三木①二〇五）

ここには国家という言葉は使われていない。あえて書かなかったのかもしれない。社会を優先せよという考えはファシズム、全体主義につながっていく危険がある。

たしかに、自分だけが幸福にはなれないといわれたら、その通りだと思う人はいるだろう。自分だけの幸福を求めるのは利己主義だといわれたら反駁できなくなる人もいるだろう。

「全体」を個人に優先するべきだと考える人は実際には全体のことを考えていない。全体主義者がいう「全体」は一党一派でしかない。国益を考えるべき人が私益のことしか考えていない。それでいながら、全体のことを考えているふりをするのである。誰かが誰かの犠牲になっていいはずはない。

他者の期待に反して生きる

それでは、個人よりも全体が優先されるような時代、それはわれわれが今生きている時代でもあるが、どうすれば幸福になれるかを考えてみよう。

三木は「我々の生活は期待の上になり立っている」（三木①二九二）といった後に、

> 他人の期待に反して行為することは考えられるよりも遙かに困難である。時には人々の期待に全く反して行動する勇気をもたねばならぬ（三木①二九三）

といっている。

この勇気を持たなければどんな問題が起きるだろうか。

まず、自分の人生を生きられなくなる。

世間が期待する通りになろうとする人はついに自分を発見しない（三木①二九三）

と三木はいっている。

自分でどう生きるかという指針を立てられないので、誰彼にも嫌われないように人に合わせる。相手が期待する通りの言動をしていれば、まわりに自分をよく思わない人はいないかもしれないかもしれないが、ついにはそのような人は信頼を失うことになる。

たとえ、そのようなことにならなくても、自分の人生を生きられない人は誰かの人生を生きることになり、「自分を発見しない」で終わることになる。

次に、世間の期待に合わせようとする人は、本当にしなければならないことをできなくなる。ここでいう「世間」というのも、世間全般ではなく、従うことが有利だと自分が判断した人という意味である。

部下を御してゆく手近な道は、彼等に立身出世のイデオロギーを吹き込むことである（三木①二七六）

出世こそ人生の大事と説いて昇進などの見返りをちらつかせると、部下は上司の言いなりになる。自分に従わなければ冷遇すると脅かされたら、さらに上司の顔色を伺い、上司の命じることを何でもする。たとえ不正であってもである。一時的に評判を落としても、出世すればいいと考え、考えるべき真の意味での「全体」ではなく、一党一派の利害だけを考えるような人があまりに多い。

三木が「秀才と呼ばれた者が平凡な人生で終るのはその一つの例である」（三木①二九三）といっているが、平凡な人生で終わるだけならまだしも、他者に実害を及ぼす。いつの世も、自分のことしか考えないエリートは有害以外の何物でもない。

本当の意味で全体のことを考えられる人は、このような時にこそ、上司の、また組織の不正を見逃してはいけないのである。

三木は気分的な怒りは否定するが、不正への怒り、自尊心を傷つけられた時の怒りは認めている。公憤という言葉も使っている。

正義感がつねに外に現れるのは、公の場所を求めるためである。正義感は何よりも公憤である（「正義感について」三木⑮四五〇）。

真に怒る人は孤独を恐れない。

孤独の何であるか知っている者のみが真に怒ることを知っている（三木①二五三）

三木が肯定的に語る怒りとは、感情的な怒りではなく、理想を追求するがゆえの毅然とした態度のことである。

反対に、

すべての人間の悪は孤独であることができないところから生じる（三木①二三七）

上司や自分の所属する共同の不正を自己保身に走って告発せず、不正を見逃せば孤独になることはないだろう。そう考えて不正を告発しようとしない人は、孤独である覚悟ができた時にこそ孤独ではないということを知らないのだ。必ず支援する人がいるからである。孤独であることの大切さを真に理解している人同士であれば、連帯することができる。

自分の人生を生きる

「自分を発見しない」ということの意味は、自分の人生を生きられないということでもある。

進学先や結婚相手を選ぶ時に親に反対されることがある。そのような時に、自分がたとえ親に反対されても、意思を貫ける人は自分を見失うことはない。ところが、親からよく思われたいと思い、親とのよい関係を保持したい人がいる。

三木は、二十三歳の時に書いた『語られざる哲学』の中で、イエスの言葉を引いている。

われ地に平和を投ぜんために来たれりと思うな、平和にあらず、反って剣を投ぜんために来たれり。それ我が来たれるは人をその父より、娘をその母より、嫁をその姑嫜より分たんためなり（三木⑱二〇）

これは『マタイによる福音書』から引かれたものである。「平和」ではなく「剣」を投じるため、親子、嫁姑を分かつためにこの地にやってきたとは激しい言葉だ。

親の考えに従って生きれば親子関係はよく見える。仲がよいに越したことはないが、親の言いなりになって、自分の人生を歩まないでいる、あるいはいいたいことをいわない、したいことをしないことで、表面的にはいい関係を傷つけているような親子関係は一度は壊さなければならない。

子どもが何の疑問もなく、あるいは親に抗うことができずに親に従っていれば、表面的には何の問題もないよい親子に見えるが、そのような関係は一度は壊す必要がある。それがイエスがいう、「剣を投じる」ことであり、親と子どもとの結びつきなどを「分つ」ということの意味である。

共同体の中にあって、たった一人でもそれは違うのではないかという人がいれば、剣を投ぜられた共同体の一体感、連帯感はたちまち失われるが、それでも偽りの結びつきを断つために投じられた剣は、真の結びつきを作り上げることができる。

虚栄心からの自由

次に、幸福になるためには、ありのままの自分を受け入れなければならない。先に見たように、幸福は存在であり、成功とは違って何も成し遂げなくても、人は幸福であることができる。幸福であるためには特別である必要はないということである。人は、〈ある〉ことで幸福であり、ありのままの自分に価値があるのだ。

ところが、人は子どもの頃から特別であれといわれて育つので、自分をよく見せようとする。

三木は、虚栄心について次のようにいっている。

人間が虚栄的であるということは、すでに人間のより高い性質を示している。虚栄心というのは自分があるよりも以上のものであることを示そうとする人間的なパッションである（三木①二三六）

普通、虚栄心といえば、他の人より優れていたいということを意味するが、この一節を肯定的に読むとすれば、今ある自分より以上の自分を目指そうとすることであり、向上心といえる。

しかし、このような向上心を持たなくても、ありのままの自分を受け入れることができれば、生きることはかなり楽なものになる。

子どもは生きているだけでまわりの人に喜びを与え貢献している。これは大人も同じはずである。

ある大学生は、自ら命を絶った友人が、自分の中でどれほど大きかったかということを亡くなって初めて知ったと話した。自分はその存在だけで価値があることを亡くなった大学生が生前知らなかったことは残念なことである。

先に、三木が幸福は存在であるといっていることを見た。成功するためには何かを達成しなければならないが、何も成し遂げなくても幸福であることができる。幸福であるためには特別である必要はなく、ありのままで幸福であり、価値があるのだ。

なぜこのようなことを強調するかといえば、今の世の中は生産性で人の価値を見るからである。何もできない人は生きる価値はないと考える人がいる。そのようなことをいう人は、今は健康で働けるが、若い人でも、いつ何時病気になるかわからないということ知らない。病気になればたちまち働けなくなることをいう人は知らないのだ。

働く人も働かない人もいろいろな立場の人が共生するのが健全な社会である。三木の使う「混合の弁証法」（三木①二六〇）は、多様なものを内包しつつ、そこに秩序を構築していくのであるが、決して誰かを排除するという意味での弁証法ではないところが注目に値する。

今ここを生きる

三木は旅は通学や通勤とは違うことを次のようにいっている。

旅は、どのような旅も、遠さを感じさせるものである。この遠さは何キロと計られるような距離に関係していない（三木①三四三）。

通学や通勤では出発点と到達点が大事であって、自宅や職場、また学校の間の移動はできるだけ効率的でなければならない。

しかし、旅は目的地につくかどうかは問題にならない。

出発点が旅であるのではない、到達点が旅であるのでもない、旅は絶えず過程である。ただ目的地に着くことのみ問題にして、途中を味うことができない者は、旅の真の面白さを知らぬものといわれるのである（三木①三四四）

だから、効率的に移動することは旅ではない。たとえ、途中で気持ちが変わって途中下車し、そのため目的地に到達しないことになってもよい。旅においては、

単に到着点或いは結果が問題であるのではなく、むしろ過程が主要なのである（三木①三四五）

ところで、人生は旅だといわれる。そもそも人生を旅に比較できるのはどうしてかと三木は問う。

何処から何処へ、ということは、人生の根本問題である。我々はどこから来たのであるか、そして何処へ行くのであるか。これがつねに人生の根本的な謎である。そうである限り、人生が旅の如く感じられることは我々の人生感情として変ることがないであろう。いったい人生において、我々はどこへ行くのであるか。我々はそれを知らない。人生は未知のものへの漂泊である（三木①三四六〜三四七）

人生という旅の行き着く先は死である。その死についてはも知らない。もしも死がどういうものかわかっていたら漂泊の感情も生じないだろう。

旅の行き着く先が死であるならば、その死に向かって効率的に生きるということには何の意味もないだろう。死がどういうものであるか知らなくても、あるいは、むしろ知らないからこそ旅である人生を楽しむことができるのである。

人生を旅のように生きるためには、どうすればいいか。まず、過去を手放す必要がある。過去は後悔の集大成であるといいたくなるほど、もう一度やり直せるものならやり直したいと思うことがある。しかし、過去に戻ることはできない

次に、未来も手放さなければならない。未来のことを考えと不安になるが、未だ来ていないというより、端的に「ない」未来を思って不安になる必要はない。

幸福は伝染する

以上、三木が幸福をどのようなものと考えているかを見てきたが、最後に三木が幸福を単に内面的なものとは見ていないことを指摘しておきたい。三木は次のように書いている。

もちろん、他人の幸福について考えなければならぬというのは正しい。しかし我々は我々の愛する者に対して、自分が幸福であるよりなお以上の善いことを為し得るであろうか（三木①二〇八）

自分が幸福であれば、その幸福は他者に伝わる。苦境にある人がいれば、我々ができることは共に苦しむことではなく、自分が幸福であることである。自分さえ幸福になれたらいいと考えるのでもなく、自分の幸福を脇に置いて他者が幸福であるために自分を犠牲にするのでもない。

幸福は外に現れるのである。

機嫌がよいこと、丁寧なこと、親切なこと、寛大なこと、等々、幸福はつねに外に現れる。歌わぬ詩人というものは真の詩人でない如く、単に内面的であるというような幸福は真の幸福ではないであろう。幸福は表現的なものである。鳥の歌うが如く自ずから外に現れて他の人を幸福にするものが真の幸福である（三木①二一二）

参考文献

三木清『人生論ノート』新潮社、一九七八年。

三木清『人生論ノート』KADOKAWA、二〇一七年。

岸見一郎『三木清『人生論ノート』を読む』白澤社、二〇一六年。

岸見一郎『希望について　続・三木清『人生論ノート』を読む』白澤社、二〇一七年。

岸見一郎『三木清「人生論ノート」』NHK出版、二〇一七年。

岸見一郎「偽りの結びつきから真の結びつきへ」añjali, number33, 親鸞仏教センター、二〇一七年。

岸見一郎「よく生きるということ」（『現代と親鸞』第三十九号所収、親鸞仏教センター、二〇一八年）。

岸見一郎「三木清と孤独」（コトバ、二〇一九年冬号所収、集英社）。

第Ⅳ部

時代との対話

――戦時評論をめぐって

11　戦時日本における三木清の技術哲学

内田　弘

1　はじめに――三木清の哲学の総合的アクチュアリティに即して

三木清（一八九七〜一九四五）は昭和前期（一九二六〜一九四五）の日本の代表的哲学者である。彼の哲学の特徴は、現実に生きる人間にとっての多様な諸問題に哲学者として応えようとする「総合的なアクチュアリティ」にある。アリストテレス・ソクラテスからパスカル・デカルト・カント・ヘーゲル・マルクス・ニーチェ・ハイデッガーまでの哲学者を主題的に論じただけでなく、現実の日本と世界が提起する諸問題に答えるために、百科全書的な内容を体系的に追求した。三木の学問世界は、『構想力の論理』に集約されている。「神話・制度・技術」が「経験」における「群」の三つの要素として内包され、遺稿「親鸞」をトルソとする宗教哲学的な「言語」に総括される体系を展開した。

三木清の学問的総合性は、岩波書店の『三木清全集』全二〇巻だけでなく、まもなく刊行される『三木清研究資料集成』（全六巻、クレス出版）を加えて精読するとき、如実に顕現してくると思われる。

本章の筆者は、著書『三木清――個性者の構想力――』（御茶の水書房、二〇〇四年）や論文「三木清の東亜協同体論」（『専修大学社会科学研究所月報』五〇八号、二〇〇五年）、および「三木清の戦時レトリックと戦時日本論」（専修大学社会科学研究所『社会科学年報』第四一号、二〇〇七年）などで、三木の哲学のそのような特徴を浮き彫りにしようとしてきた。本稿では、その発展形態として、三木が戦時日本の技術問題に如何に関わったかを、いくつかの具体例で分析し、彼の同時代の現実的事実に即して、彼の哲学的営為を提示する。

2 三木清の「戦時レトリック」

三木清の同時代の「戦時」とは、「アジア・太平洋戦争」（一九三一〜一九四五年）の時期である。昭和時代の戦争は、太平洋戦争の期間（一九四一〜一九四五年）に限定されるものではない。その対米英蘭戦争は、日本の中国侵略戦争がもたらした帰結である。

三木は一九三一年の「満洲事変」で日本の歴史的局面がガラリと変わったと認識した。日本の中国侵略にいかに対応するのかが、彼の主要問題になった。すでに侵略戦争に積極的に反対する勢力が壊滅していた。言論統制も非常に厳しい。その制約条件のもとで、反戦の論陣を張るにはどのようにしたらよいか。彼は「イソップの言葉」・「戦時レトリック」で、戦争勢力を批判する戦術をとった。

その修辞法とは、戦時権力の主張を一応肯定したうえで、その主張を実現するためには、「これこれ」の諸条件が必要であると制約し、その諸条件に自己の主張を含ませる。さらにその諸条件に敵の主張を破壊する潜勢力を仕込む。「戦時レトリック」は高度な問題分析能力と巧みな表現力が不可欠である。戦時日本社会には、三木のそのような言論戦を、固唾を飲んで注目し、熟読する読者が存在したのである。三木の特に（一九三一年以後の）戦時体制のテキストを正確に読むには、彼が表現に込めた、このレトリカルな戦術を読む解読力が不可欠である。

3　大河内正敏の科学主義工業論

三木清と関係があった大河内正敏（一八七八〜一九五二）は、昭和前期の代表的な技術思想家・企業経営者である。独自な「科学主義工業論」を構築し、理化学研究所とその関係工場で実践した人物である。彼の著書『資本主義工業と科学主義工業』（科学主義工業社、一九三八年）で自らの理論を展開している。

それによれば、「資本主義工業」が「低賃金高利潤」を追求するのに対して、彼が追求する「科学主義工業」は「高賃金・低コスト（少生産費）」を目指す。その事例として、ベアリングの生産をあげる。

その生産では、熟練労働者ではなく、未熟練労働者の方が技術習得が早く正確である。熟練労働者はすでに習得した技に執着し、新しい技に抵抗する。作業の複雑性を単純化することが要点である。機械も同じである。複雑作業をこなす機械を、多数の単純化された機械の配列に還元し、そこに未熟練工を配置する方が、はるかに労働生産性が高い。《単純化された労働及び機械の有機的連関》が《高利潤・低コスト》をもたらすという。

大河内のこの主張には、複雑作業機を単純化する方法を研究する「科学者・技術者集団」が前提されている。大河内は、「利用価値が実際の運転によって、証明されて始めて発明が完成する。……特許を獲得しただけでは発明が完成したことにはならない」（同書三五頁）と指摘して、科学と技術を区別するリアリストである。科学と技術の間の断層問題は、本稿末に論じる理研原爆製造で遭遇する。《労働者に高賃金を配分し、工場経営者が負担する生産費も少なくする》。そのためには、持続する技術革新の経営体でなければならない。技術革新の成果は、労働者の実質賃金上昇と生産費削減の両方に配分される。大河内のこの構想と実践は、アダム・スミスが『国富論』第一編第七章利潤論でいう「特別利潤（extraordinary profit）」に相当する。

大河内が先のベアリングの生産工場を新潟の農村労働者が担う事例で示していることに明らかなように、科学技術の研究は都会（理研本社のある東京駒込）で行い、その技術の実用化は農村工場（新潟県の刈羽村）に配置する。大河内のいう「農村工業」の実例がこれである。

「資本主義工業」を超える「科学主義工業」を推進する大河内の論調は、デモーニッシュである。戦時体制で勃興するコンツェルン・理研の担い手は、技術的かつ社会的に革新的である。しかし、フランスのジャーナリスト、ロベール・ギランは『日本人と戦争』で、戦時日本（一九四三年）の京都・奈良・伊勢・日光などを含む農村地帯が、工業化のため奇怪な風景に変貌していたと指摘している。

4　雑誌『科学主義工業』への寄稿と技術論争

三木清の戦時レトリックの実例に、大河内正敏が主催する雑誌『科学主義工業』への寄稿がある。三木の『科学主義工業』への寄稿はつぎのとおりである。

(1)「技術と文化」一九三七年一一月（三木⑫三六四〜三七四）
(2)「技術学の理念」一九四一年一〇月（三木⑦三〇〇〜三一六）
(3)「技術と新文化」一九四二年一月（三木⑦三一七〜三二九）

この三本の論文のうち(2)と(3)は、三木が陸軍から派遣されたフィリピンのマニラに滞在している一九四二年九月に岩波書店から刊行された『技術哲学』（三木⑦一九五〜三三〇）の付録として収録された。『技術哲学』の本編である「技術哲学」は、岩波書店の講座『倫理学』の第一〇冊として、ほぼ一年前の一九四一年一〇月に刊行されていた分冊を独立させたものである。

三木清の技術の規定は、当時の技術論争を批判するものである。三木の技術規定は、道具・機械という客体的な物であると規定する、一方の「労働手段体系説」でもなく、技術を自然法則の生産過程への応用であると規定する、他方の「自然法則応用説」でもない。三木によれば、技術とは、目的を実現するために知性が人間自身を媒介的な行為に導く形態である。「技術は元来行為の形である」(三木⑦二〇二)。現代の知性は「技術的知性」でなければならない。

労働手段体系説は、知性が目的実現のために行為を巧みに誘導する側面を捨象する。自然法則応用説も、科学的認識と構想力を実践的に駆使する技術との断層を観ない。三木によれば、「技術家は、客観的な自然法則と主観的な目的との綜合を求める」(三木⑦二一七)。「技術は目的論と因果論との統一である」(三木⑦二一八)。

三木は、技術は近代社会では天才的な個人から集団的社会的な作業に変化したという。「発明は単に天才の直観に俟つことなく、研究所に於ける共同研究の如きを必要とするようになった」(三木⑦二三三)と指摘する。彼の念頭にあるのは、理化学研究所のような存在であろう。

しかし、研究所にとっても不可欠なのは構想力、しかも集団的社会的な構想力である。「研究などにおいて多数の専門的な技術家が協同して発明や改良に従事し、いわば発明工場というべきものが出現している。……発明過程そのものも益々社会的になった」（三木⑦二六五〜二六六）のである。

技術の社会的な規定は、技術の道徳問題・倫理問題に関連する。その最初の歴史的経験は「産業革命」（三木⑦二七〇）であると三木はいう。産業革命は技術の発展が失業貧困問題をもたらす最初の歴史的経験である。技術の問題は単に生産技術の問題ではない。人間の悲惨を回避するために社会が自らを制御する技術・「社会技術」（三木⑦二八一）が要求されている。社会技術は社会科学が基礎づける。個人に《良く生きよ》と命ずる社会は、その社会自体が人間の悲惨をもたらすことがない道徳的な組織でなければならない。社会自体の欠陥を棚に上げ、問題のすべてを「個人の自己責任」に帰すことはできない。むしろ社会は、諸個人の福祉（well-being）に貢献するような創造的社会を志向することで、はじめて、各々の個人に《良く生きよ》と命ずる資格が生まれるのである。

5　戦時工業と技術倫理

三木清の技術哲学・技術倫理学は戦時日本において展開された。そのアクチュアリティを念頭に読まなければならない。対米英蘭戦直前の論文「技術学の理念」（一九四一年一〇月）および開戦以後の論文「技術と新文化」（一九四二年一月）はその意味で格好の文献である。

論文「技術学の理念」で「〔そのようなことでは〕日本精神を毒する」（三木⑦三〇二）という表現で時局

に内在する姿勢を見せ、独自の論陣を張る。戦時は戦勝に導く技術が要請されることを念頭に、「技術に対する科学者の無関心」（三木⑦三〇三）を批判し、経済のために科学が応用されることに科学者が没交渉であることは許されないと批判する。しかし、この批判は三木の狙いではない。

戦時日本でも事物は重層的に連関している。三木清はアリストテレスを引用して、「馬具を作る技術は軍事技術に仕え、軍事技術は政治に仕える……政治そのものも技術の一つである」（三木⑦三一一）と指摘して、《政治の使命は、政治の真の主体＝国民に仕える行為である》ことを示唆する。《政治の延長としての戦争は、軍人の出世のためでなく、国民に奉仕しうるか》。重層的な技術連関の究極目的は人間そのもの、国民そのものにある。これも三木の「戦時レトリック」である。

戦時日本は統制の時代である。しかし「現在技術の統制あるいは計画化といわれるものは、社会技術、とりわけ政治の自然科学的技術に対する支配を意味している」（三木⑦三一二）。しかしその政治も技術＝社会技術であるから、統制の対象になる。こう書いて三木清は、政治の延長としての戦争も統制の対象となることを示唆する。《戦争を軍人の勝手に任せておいてはいけない、国民が、国民の代表である議会が、戦争を制御し、一刻も早く終わらせなければならない》と暗に主張する。自然の目的論的連関の究極目的である人間は本来自由な存在である。しかし自由は現実には社会技術によって可能である。戦時日本は総てを軍の統制のもとにあり、人間の本質規定とはまったく反対の状況である。

論文「技術と新文化」においても同様な論陣を張る。三木清は「我々が優秀な技術を有するということとは、東亜共栄圏の確立にとって絶対的要請である」（三木⑦三一八）とか、「皇軍の赫赫たる戦果」（三木⑦三一九）という語法・論法で、戦時体制に協力する態度を示す。そのうえで、「東洋の精神文化」を尊重するのみでなく、「西洋の近代科学」を尊重しなければ、戦勝は期待できない。このことは総合的に世界史的にみれば、東西の相違の問題ではないことがわかると指摘する。

機械文化の発達は「精神文化の危機・精神的に個性をもたない大衆」をもたらした。新しい文化の創造は、このような問題の社会技術的解決で可能であると主張する。総てを統制のもとにおく戦時体制で新文化は可能なのであろうかと疑問を提示する。ここでも三木清は「戦時レトリック」を駆使している。『科学主義工業』掲載の三木の最後のこの論文「技術と新文化」はその号の巻末に掲載されている。その主張が官憲の眼に触れないようにする編集者の配慮であろう。

6　「世界史的立場と日本」批判と理研の原爆製造

三木清は陸軍報道班員として一九四一年一月末から同年一二月まで、日本軍が占領しているフィリピンに滞在し、主に当地の歴史（スペイン・アメリカの植民地支配史）研究に専念した。年末に帰国し、大晦日に恩師・西田幾多郎を訪ねている。その後も戦時体制の重圧のもとで言論活動を持続する。特に注目すべき論文は、一九四四年一一月一五日に刊行された「現代民族論の課題」（『全集』第一九巻八〇六～

八二四頁）である。そこで三木は高山岩男・高坂正顕・西谷啓治・鈴木成高の大東亜戦争肯定論である座談会「世界史の立場と日本」（『中央公論』一九四二年一月、同年四月、一九四三年一月）を批判し、日本の神話・宗教・伝統などを論理的根拠づけなしに肯定し東亜に流布することを喧伝する彼らを批判する（同巻八一五頁）。

この三木の主張は、尾崎秀実などとの東亜協同体論で、日本が「高度に発展した技術」をもって東亜協同体に参加することを目指すという主張にも適合する。

社会的客観性（論理）で裏づけられていない倫理の主観的な押しつけを東亜諸民族に行っている当時の不合理を批判しているのである。その不合理には、日本軍占領地に神社を作り、朝鮮民族に東（宮城）に向かって最敬礼を強制することなど、数多の事例がある。

三木清の戦時レトリックは、この論文では、あまり駆使されていない。むしろ高山たち、戦争イデオローグへの直截な批判が展開されている。おそらく、この論文が官憲の逆鱗に触れることになり、三木清を投獄することを決意させ、その走狗となったのが、高倉テルであろう。高倉自身は、「（全く不可能な）東京警視庁脱獄」に成功し、疎開先の三木宅に助けを求めに行ったという。その高倉支援が理由で、三木は逮捕され投獄され、敗戦直後一九四五年九月二六日に獄死する。

戦争末期、大河内正敏たちの理化学研究所は、原子爆弾製造に踏み切った。理研は、一九四四年六月から一九四五年六月までの期間、原爆製造に関与した。陸軍と理研の原爆共同研究（ニ号研究）の指導者・仁科芳雄は一九四三年のアッツ島玉砕と一九四四年のサイパン玉砕に衝撃を受け、陸軍の強い要請のもと、米軍の日本列島空爆拠点サイパンを原爆投下で奪還すべく、それまで原爆の理論的研究に限定してきた壁を越え、サイクロトロンの製作とウラニウム獲得にのりだす。それには巨額な予算三〇〇万円（現在の金額で数十億円）がついた。

陸軍と理研は、福島県石川町の至極微量のウラニウム含有率の岩石を、当地の旧制中学生に畚《もっこ》に担がせ、破れやすい草鞋《わらじ》を履かせ、足から血が出ても、岩石を山裾の理研関連工場まで運ばせた。現場には大河内正敏も視察に来た。戦後の福島原子力発電建設の下地はこの事実にあろう。

日本は原爆被弾国であるだけでない。理研の仁科芳雄たちは原爆の原料ウラン235を極微量でさえ抽出できなかった。とはいえ、日本軍部は原爆製造の強い意志をもっていた。その意味で日本は潜在的原爆投下国である。これは旧軍部と「科学者の自由な楽園・理研」が日本にもたらした負の遺産である。

この近現代日本史の隠された事実は、理研で仁科の近くで研究していた山本洋一の著書『日本製原爆の真相』（［出版社］創造、一九七六年）に詳細に記録されている。敗戦後日本を占領した米軍が、理研が一九四一年に建設完了したサイクロトロンを破壊するとき、仁科芳雄はその破壊の中止を求めた。その場面の写真が、山根一眞『理化学研究所』（ブルーバックス、二〇一七年、六四頁）に掲載されている。『科学主義工業』に寄稿した三木清が理研の原爆製造行為を知っていたかどうかは不明である。しかし「イソップの言葉」で、戦争と技術の関係について批判的な論陣を展開した三木清は、その極秘を知ったら反対したであろう。

［付記］　本稿の参考文献については、本文中で「著者名・書名・発行所・発行年」を記した文献を指示した。その他、三木清を獄死に至らしめた高倉テルの戦中の言動については、特に木村亨『横浜事件――木村亨全発言――』（インパクト出版社、二〇〇二年）が高倉の不可解な言動を数多記録していて大変参考になる。高倉は、「ゾルゲ尾崎事件」に関して濡れ衣を着せられた伊藤律を幽閉した「北京機関」の主要メンバーであった。この事実の実態は未解明である。『世界グラフ』の記者として木村は、「ゾルゲ尾崎事件」で投獄されたことのある安田徳太郎から連絡があって、「七三一部隊」の石井四郎の自宅（東京・市ヶ谷）に行き、渡米直前の石井を取材した。同書には『世界週報』掲載の木村執筆の記事（一九四八年六月号）が再録されている（同書二五八～二五九頁参照）。この石井問題について、大手の通信記者がまったく取材しなかった不可解さを木村は指摘している。

12　三木清の協力的抵抗の本心――「東亜協同体」論をめぐって

鈴木　正

去る〔二〇〇五年〕五月二十八日、三木清の郷里である兵庫県龍野で例年おこなわれている三木清研究会主催の講演会に招かれて話しにいった。私のあげたタイトルは「三木清の東亜協同体論――尾崎秀実との対比で」だ。

そこでは思想的節義をもった受難者として獄死した三木の抵抗の根の深さを語り、「歴史の理性」と「時務の論理」をかけ合わせた構想力、つまりかたちの論理にふれ、最後に「東亜協同体」論をめぐる協力的文化の責任論でしめくくった。

この責任の問題は現代史のシテュエーションのなかで、立論の文脈に沿ってよみ解かなければ、およそ話にもならない難問である。

1　昭和研究会と「東亜協同体」論

(1)　『新日本の思想原理』について

昭和研究会の文化部会での討議にもとづいて三木が委員長としてまとめた『新日本の思想原理』(正続)は、一九三九年にでている。哲学者にふさわしく思想原理を正面にすえており、続篇のサブタイトルも「協同主義の哲学的基礎」となっている。だが実際の叙述は単なる抽象的な哲学論でなく、尾崎とおなじく「支那事変の意義」から筆をおこしている。新秩序の理念である新日本の思想原理は、この意義に根ざして確立されるものとのべ、国内改革なしには事変の解決は不可能であるという立場も共有している。

さらに三木は東亜協同体を人間と自然、生活と文化が融合している東洋的ヒューマニズムというアジア独自の文化をもつ「伝統的地盤」から基礎づけ、ドイツを模倣しナチスの全体主義にかぶれた便乗的日本主義を排して、開かれた東亜協同体の文化と協同主義の哲学を、さきにふれたとおり一体のものと把握している。

三木は「新日本の思想原理」の冒頭で事変の解決と国内改革の必然的関係を指摘したが、その内政改革の問題も単に国内的見地からでなく日満支のブロックという一体性の立場に立つべきだとのべている。「東亜協同体の問題は同時に『国民協同体』の問題である」(「汪兆銘氏に寄す」三木⑮三九六)という三木の真意は両者がおなじ原理に従うべきで、いわゆる東洋の盟主である日本の専断を抑えようとするものであった。

三木哲学に拠りどころをおく民族協同の協同主義は、自国中心の民族主義を超えるとともに、自由主義の帰結するであろうところの抽象的な世界主義をも同時に超克するアジア連帯の思想である。だから当然民族とともに「東亜協同体の中へ日本自身も入ってゆく」(三木⑰五一七)ものとうけとめていた。さらにヨーロッパ膨脹主義を招いた私利私欲を最大限に追求する自由競争の侵略性を克服しようとする協同主義の新秩序を「資本主義経済の営利主義を超えた新しい制度」(三木⑰五一〇)だといい、それをつくる「日本の道義的使命」(三木⑰五三三)の自覚を積極的に促している。

しかし「新日本の思想原理」は集団的労作であることに制約されて、さまざまな意見がいいことづくめにまとめられた感じがする。尾崎秀実の論文にみられるような、理想と現実の相剋をしたたかにらんだ妥当性と妥協性を使い分ける論理の二重構造の強靱さにやや欠ける。ことに続篇の実践の領域に踏みこんだ段階で「実践的立場の具体性」をいくら強調してみても(三木⑰五三九〜五四六)、その内容は文化的志向に偏っていて、東亜協同体論を生む客観的基礎の主因ともいうべき中国民族運動の観点が希薄である。

(2) 尾崎秀実の中国論との対比において

尾崎秀実が「『東亜協同体』の理念とその成立の客観的基礎」を『中央公論』にのせたのは、一九三九年一月である。それは武漢作戦終了後に、言論も政治工作もきびしい時代の劣悪な環境のもとで、危険な綱渡りをするようにして執筆されたものである。

尾崎は東亜協同体の理念は一般的に「八紘一宇」の精神や「満州国」成立のスローガンである五族協和の「王道精神」にも通じ、大アジア主義の流れを汲むものととらえている。しかし、そのように系譜づけながらも彼は東亜協同体論の特殊性をあくまでも一九三七年七月におこった日華事変の進行過程が生んだ歴史的産物だととらえ、その点に「『東亜協同体』論の必然性を見、その将来の発展可能性を信ずるものである[1]」と明言している。

そして東亜協同体は満州事変以後に唱えられた「日満支経済ブロック論」のように、日本経済のために中国を帝国主義進出の対象とみて、植民地的地位に留めおこうとする考え方とは異なった理念に立つものだと強調してやまない。だが、中国人の目には一九三一年から日本軍の侵略と支配は連続したものと映るのは当然で、尾崎も「彼等は日本の行動に対して日本流の説明を決してきかうとはしない[2]」と釘をさしている。

当時、中国においては、つねに分裂的な策動をくりかえしてきた軍閥やそれとむすびついて植民地的な特殊権益をむさぼる列強とは対置的に、民族運動は中国の求心的統一的な動向を代表していた。抗日戦争を通じて中国の抵抗主体は大きく変わり、いまや資本家も学生も労働者も農民も参加して、抗戦主体の内部構造は可変的なものとなった。

彼は、この中国の民族運動の二つの面に注目している。日本の圧力に抗する面を外的要因、封建的な桎梏を脱しようとする面を内部要因とみていた。二つの要因を高次にむすびつけ、日本国内の変革と連動させ、現実の推移に立脚して、逮捕の年に書いたのが「東亜共栄圏の基底に横たわる重要問題」(『改造』一九四一年三月)である。もっとも強力な抗戦力の主体は土地革命によって解放された農民であり、農業革命から生まれる民衆動員こそ、抗戦力のもっとも重要な源泉である。尾崎はなによりも、その点をあげて将来の正しい日中関係の基礎を測るために「深甚の注意を払わなければならない(3)」と特記している。尾崎の描く真の共栄のための新秩序の構想の内実がどんなものであったか、これで推し測ることができるだろう。

さらに尾崎は「東亜協同体」の理論が、こうした民族の抵抗という激しい体当たりで得られた現代史の教訓から生まれたものであること、つまり日中間の戦争の現実的進展から生まれてものであることを身をもって了解しないかぎり、その客観的基礎＝理念の現実性はみえてこないと訴えている。タイトルの東亜協同体には括弧がつけられている。ここに理念と現実性の対立緊張を懸命にむすびつけようと企図している点をよみとることができる。

尾崎が「民族問題との対比において『東亜協同体論』がいかに惨めにも小さいかは、これをはっきりと自ら認識すべきである」(「『東亜協同体』の理念とその成立の客観的基礎」)[4]と明晰な自覚をもつ点で、文字どおり軽重の度合が正鵠を射ている。統一戦線的志向の尾崎が「東亜協同体の批判者たる立場をとる必要を観じた」[5]理由も、その第一は「民族問題の把握に際して協同体論者は観念的であって具体性を忘れている点」[6]にあった。彼はつぎのように指摘する。

筆者の一番重きを置いた点は東亜協同体論において理想的方面が強く出すぎて、現実的方面が深く分析されていないという点、また新秩序の共同建設者たる支那側の事情がよく呑みこめていない点であった。東亜新秩序論はいずれも日本人の案であり、支那側が如何にこれを取扱うかということは確かに問題となるものと思われる。東亜協同体論は、今日決して日支問題或いは東洋統一のための万能膏といい得ないであろう。(「東亜新秩序論の現在及将来」)[7]

ここには三木の名はでていないが、三木とそのグループ(文化部会)の特徴を鋭く衝いている。だが、尾崎と三木はともに歴史形成の論理を担い、推進する主体を探る主観的動機の誠実さにおいて少しも欠けるところはない。客観的条件の観察と分析の結果が絶望的なまでに困難を極めるなかで、あえて政治的主体をいかに確立するかについて腐心している両人の言論活動と政治行動の意味は汲み尽くせないほど深い。

2　三木批判——「東亜協同体」論への視座

人は両親とおなじように時代も選べない。これは単純明快なことだが、知性がすぐれていると自負する者は、とかく、〝普遍〟とか〝永遠〟とかを論ずるうちに時代的制約を消去して後知恵で批判しはじめる。また苦悩と情熱とが溶けあうかたちで試みた思索を文字顔《づら》で判断したあげく、時代に便乗して調子に乗った言説との区別がつかなくなる。福沢諭吉と丸山真男にたいする一部の評者もそうだが、戦中の「昭和研究会」、なかでも三木清の時務の論理に立脚した東亜協同体論にたいして試みたテキスト・クリティークのなかに歴史のなかの思想のとらえ方として、当たっていない言説がでてきたのでとりあげてみたい。

『季報　唯物論研究』（九三号、二〇〇五年八月）で、服部健二は町口哲生の『帝国の形而上学——三木清の歴史哲学』（二〇〇四年）をとりあげ、その東亜協同体をめぐる日本を盟主とする議論を問題視している。彼は『西田哲学と左派の人たち』（二〇〇〇年）で、三木清のしなやかな抵抗の精神を認めており、あらためてつぎのように語っている。

その際、船山信一が現実の対中戦争を防げなかったことと日本を指導国家としたことを自分たちの協同体論の限界として認めていたことを紹介しました。……船山から筆者らは、昭和研究会内部では指導するのは日本でなくてもいい、中国であってもいいという議論があったという話を聞いたことがあります。中国の解放と日本の資本主義問題の解決を連動させていた共産主義者尾崎秀実も有力な会員でしたから、そうした議論もありえたと思いますが、今のところ伝聞であり客観的に裏付けすることはできていません(傍点は鈴木)(8)

ここでいわれている「限界」の一つについて私は異見をもっているので、あとでふれたい。町口が当時の政治的、社会的文脈を押さえ「ルイ・アルチュセールのいう『徴候的』読解――テクストに密着し、その内側から矛盾が自ずと吹き出してくるように追跡する内在的読み方――を実践(9)」するといいながら、服部が指摘するように「政治的社会的文脈」を重視せず、侵略戦争への流れに「棹さざるをえなかった役割(10)」を単純粗野に「帝国の形而上学(11)」という三木批判の一面性にたいする批判に私も同感である。

しかし「昭和研究会や三木の東亜協同体論の言説に、日本指導国家論と協同主義の二つの相反する主張が存在するという事実を先ず確認すること(12)」という大前提には疑問がある。昭和研究会総体については当たっているが、三木の協同体論の本音については一考を要する。『新日本の思想原理』、その続篇『協同主義の哲学的基礎』(いずれも一九三九年)よりも二年後に、三木は「五族協和」や「八紘一宇」という旗じるしを表に立てながら、次節でもみるように民族主義の限界を超えた「民族協同の思想」を、中国の政治思想である徳の及ぶかぎりがすなわち天下だという「天下思想」から示唆を得て展開している。指導するのは日本でなくてもいいという議論の拠りどころに、三木は「世界国家の思想」としての「天下」の概念を据えたのだとおもう。天下は天下の天下であって、日本のための天下でも、中国のための天下でもないことはいうまでもない。

この着眼を知らぬまま「京都学派」をのっぺら棒にとらえて、まるごと擁護したり非難したりする最近の研究動向にたいして、私は三木と高坂正顕や高山岩男らとはちがうという位相で物言いをつけたい。

別所良美は、「東北アジア地域共《ママ》同体と戦時期の京都学派」（名古屋哲学研究会機関誌『哲学と現代』二一号、二〇〇五年一〇月）で、「京都学派の思想も含め戦時期の東亜共《ママ》同体構想をすべてを一括りにして、日本帝国主義のアジア侵略を正当化した思想だったと切り捨てるべきではない[13]」という立場を鮮明にしている。そのネタの多くは花澤秀文『高山岩男――京都哲学派の基礎的研究』（一九九九年）と大橋良介『京都学派と日本海軍』（二〇〇一年）とに依っている。さきの立場は大橋のいう京都学派右派を「体制内の反体制」だとするキーワードであらわれている。

これにたいして町口の「大橋良介らの『京都学派・右派』擁護論の言説にむけた批判[14]」に私は、大いに共感する。しかし「当時の政治的、社会的、文化的文脈」をとらえながらのテキスト・クリティークを試みたと強調する町口が三木の協同主義についての弁護論に苛立ち、「昭和研究会に参加し、『東亜共《ママ》同体』論を展開したことを『抵抗』と見るのは甘すぎる[15]」と異を唱えるのは三木の協力的抵抗と苦悩と受難がよめていない。さらに東亜協同体の原理が「政治的・文化的に異質な『絶対他者』である東亜の諸民族が規範とすべき『普遍的原理』となるのか疑問である。……それがリアルな政治的ヴィジョンあるいは……範例とすべき指導原理として適用されるとしたら、三木清の知的責任は重い[16]」と評している。これは昭和研究会で三木がとりまとめた最大公約数的言辞にこだわったよみだといいたい。

3　三木清の協力的抵抗——「東亜協同体」論の意義

三木清に「東亜新秩序の歴史哲学的考察」という『論叢』（第五輯・大同学院・康徳八年（一九四一年）一一月二〇日発行）に掲載された論考がある。

すでに見てきたように、かつて一九三〇年代後半から四〇年代前半にかけて日本から提唱された「東亜の新秩序」や「東亜協同体」はアジア侵略戦争と表裏していた。侵略という厳然たる事実を欧米からのアジア解放の「聖戦」といつわり、日本人の優越感をくすぐり、相手国の対日協力者（抗日の大義からみた売国奴＝買弁）を甘言でもって誘い、東亜協同体の実質を美化したのである。

この歴史分析の規定は民族国家をめぐる本質にかかわる。しかし本質は原理・原則だけの裸のかたちではあらわれない。人びとの欲望、利害関心ばかりか、それぞれの限られた人生を誠実に生きて、わずかな理想でも見失うまいとする意志までが絡まって現象する。三木はこれを語る数年前に、つぎのように書いている。

それ〔支那事変〕がどのようにして起ったにせよ、現に起ってゐる出来事のうちに我々は『歴史の理性』を探ることに努めなければならぬ。……支那事変に対して世界史的意味を賦与すること、それが流されつつある血に対する我々の義務であり、またそれが今日我々自身が生きてゆく道である（「現代日本に於ける世界史の意義」一九三八年、傍点は鈴木。三木⑭一四三〜一四四）。

戦争政策を内部から、すこしでもましなものに是正しようとする善意は、中国に戦争を仕掛けている現実のもとでは、本来無理なことだったにもかかわらずである。昭和研究会に属した三木や尾崎の生きざまは、この代表例だ。彼らには歴史と民族の罪を背負わなければならぬことがわかっていた。個人は集団と責任を共にしているからである。

さて、三木はこの「東亜新秩序の歴史哲学的考察」において、「東亜の復活」（三木『論叢』一）とか「東洋のルネッサンス」（三木『論叢』一）といった風潮を世界の新秩序への動向の一環としてとらえる立場を鮮明に打ちだしている。その考察方法としての歴史哲学的視座についても従来の新カント派にみられる「認識論的或は論理的な、形式的研究」（三木『論叢』一）の歴史哲学でなく、ヘーゲルのいう「歴史を内容的に考へて其の動向を察する」（三木『論叢』二）世界史の哲学ととらえる。それに即しながら三木は理性主義者ヘーゲルの〈理性の狡智〉にみられる客観主義を批判して、歴史の理性を解釈の原理でなく歴史における行動の原理ととらえ、歴史を創ってゆくものであるかぎり、それは構想力の論理的骨格である技術的な理性を介してロゴスとパトスの統一を歴史における「客観的な法則と主観的な意欲」（三木⑭二五七）という結合命題で展開している。そして三木は世界史の哲学が「日本の国民の哲学として」（三木『論叢』二）活かされねばならないと強調している。

そして西洋近代文化の行き詰まりを資本主義の行き詰まりだと判断する三木は、当面する支那事変の世界史的意義を「時間的には資本主義の問題の解決、空間的には東亜の統一の実現」だと、くりかえし論じている。すでにのべたように尾崎のほうは、その結果生じた中国民族運動に焦点をおき、三木は文化問題、つまり新秩序にとって東洋文化の復興が、いかなる意味をもつかに関心の重点をおいている。三木は「前に還り乍ら先に行く」（三木『論叢』六）直線的でないかたちを歴史の法則とみて、第一次世界大戦以後に叫ばれていた西洋の没落を「中世の復興」あるいは「新しい中世」といういい方で、新しい文化と秩序を再構成する「歴史的な手掛り」としてとらえている。

近代を拓いた産業革命の結果あらわれた社会問題、貧困という不幸を、自然科学や技術に罪があるというシュペングラーや機械にたいする反対を唱えたガンヂーの考え方を、三木は「単なる反動」として退けている。むしろ自然科学とそれを基礎にした技術の発達を近代的な文化の重要な特徴とみなし、それを生かした「社会問題を正しく解決し得る様な科学、哲学、世界観」（三木『論叢』五）または「技術を統制する思想、社会思想」（三木『論叢』二二）の必要性を力説している。そこに単なる反動思想による「近代の超克」とはちがう三木の近代批判の思念が表明されている。ここからさきにあげた「新しい中世」とからんで、東洋思想の意義が浮上してくる。「東洋文化が今日世界史的に如何なる指導的意義を有するかが明らかになる」（三木『論叢』九）とまでのべる。この箇所に私は注目する。当時の日本の軍部をはじめ支配層が誇っていた日本の指導力と日本文化の優越性にたいして、釘をさす言説だと解したい。日本における東洋思想＝外来文化の影響は圧倒的に中国からである。当面、軍事力の優勢にたよる日本の東亜協同体のリーダーシップの力量を文化の場に位置づけ、東洋思想の世界史的な「文化の力」に解釈替えしている点に注視すべきだとおもう。三木が協同体論の出発点を「支那の民族主義の歴史的必然性と歴史的意義との認識にある」（「文化の力」一九四〇年　三木⑭三二二）といっていることも忘れてはならない。

　この民族主義のたかまりがもたらした世界の新秩序論は、従来の自由主義やマルクス主義の立場にみられる「抽象的な世界主義」（三木『論叢』一二）を破るもので、それは帝国主義からの諸民族の解放が条件だとのべている。この点はいうまでもなく普遍的真理である。

　ところが、この場面に誰がという主体の問題が入ってくるとおかしくなる。のちに三木は「現代民族論の課題」（一九四四年）で、民族論の政治的性格を「帝国主義の重圧化にある弱小民族の問題」（三木⑲八二一）とうけとめ、解放思想ととらえたにもかかわらず、ここでは民族主義における「世界史の主体」

をもちだし、この主体となる指導的民族＝「世界史的民族」（三木『論叢』一三）である日本が特権視される。「東亜の新秩序は日本民族が主体となって、その指導のもとに作られてゆくべきもの」（三木『論叢』一三）だとか、「今次の事変に対する日本の道義的使命に基く」（三木⑰五三三）指導的地位だという説明は独りよがりである。三木は尾崎とおなじように、満州建国の旗じるしである「五族協和」も「八紘一宇」も、民族主義の限界を露呈した民族自決思想を超えた民族協同の思想だと評価している。この幻想は民族を「大いなるパトスを有する存在」（三木⑲八二三）だという見方からでてくるのだろうか。

しかしよくよむと、ここでも世界国家の思想として中国の政治思想である徳の及ぶかぎりが、すなわち天下だという「天下思想」から示唆を得ている。三木は孫文のアジア復興の根本思想を西欧近代化の「覇道」文化にたいして、それに節度を求める仁義道徳の「王道」文化を基礎とするものと高く評価している（「日支文化関係史」一九四〇年 三木⑰一八二〜一八三）。

さきにあげた天下思想のいわゆる「天」の光は、平等に降りそそぎ、指導国家と被指導国家の別なく、水平面な場所の論理として、三木は東亜協同体を理念的＝理想的に構想しようとしていたとおもう。

それは八紘一宇などよりも、はるかに理論的にすぐれた中国の天下思想でもって「封建的なものを克服して近代化して行くと共に、他方近代的なものを越えた一層高い秩序を実現して行く二重の改革」（三木『論叢』一五）を同時にやりとげる「新しい綜合」をもくろむ仕掛けが隠されているとよめないだろうか。そこには西洋の中世を支配していたキリスト教の超越神信仰と対比されるべき地上的人文主義的な思想のすぐれた特色が前面にだされている。三木は自然と人間、生活と文化が融合し、日常性を重んじる東洋文化のゲマインシャフト的性格が「新しい協同体の文化の地盤として適切である」（三木⑰五一四）とのべている点もみすごせない。

この思想的優位は今日も変わっていない。かつてブッシュがいった十字軍の「宗教戦争」のよびおこす「異分子を絶対に認めない」（三木『論叢』一九）絶対的な権威主義の弊害にたいして「東洋的な寛大」（三木『論叢』一九）の有効性は不滅である。三木が中世の復興や東洋の復活からあきらかにしようとした東洋文化の世界史的にみた指導的意義の内容が、以上の読解から浮かびでてくる。思想的寛容という「文明の衝突」を回避させる方法的優位を、戦中の三木の哲学的営為から学ばねばならない。

註

（1）『尾崎秀実時論集』東洋文庫七二四（平凡社、二〇〇四年）一八八頁。
（2）同前、二〇一頁。
（3）同前、二八七頁
（4）同前、一九七頁。
（5）「東亜新秩序論の現在及将来」前掲書、二三九頁。

（6）同前、二四〇頁
（7）同前、二四一頁。
（8）服部健二「『帝国の形而上学』か『個性者の構想力』か——三木清解釈をめぐって」『季報 唯物論研究』九三号、一三五—一三六頁。
（9）町口哲生『帝国の形而上学』二五一頁。
（10）服部前掲書、一三六頁。
（11）町口前掲書、二三四頁。
（12）服部前掲書、一三六頁。
（13）『哲学と現代』二一号、二九頁。
（14）町口前掲書、二五一頁。
（15）町口前掲書、二五一頁。
（16）町口前掲書、二〇一頁。

13　三木清の反ファシズム論

吉田傑俊

1　三木清の反ファシズム論は「敗北」であったか。

本稿は、一九三〇年代の日本の「アジア太平洋戦争」すなわちアジア侵略と米英などとの帝国主義間戦争時における、三木清の反ファシズム論の哲学的構成とその実践的形態についての一考察である。『三木清全集』の第一三・第一四・第一五巻は「評論」Ⅰ・Ⅱ・Ⅲと題されているが、ここに収められた諸論文は一九三〇年から一九四三年に執筆された。『全集』第一四巻の「後記」と表記される解説（久野収）は、この三巻に所収の諸論文を「戦時評論」の集成とする。それは、まさに日本のファシズム体制（天皇制に包摂された軍部・一部官僚・独占資本等からなる国家機構）によるアジア侵略戦争つまり一九三一年の「満州事変」、その翌年の「満州国」成立、三六年の二・二六事件、三七年の日中戦争、三八年の国家総動員法、四〇年の日独伊三国同盟締結、そして四一年の対英米戦争開始へと続く時期のものである。だが、この時期の三木の論考を読むとき、内容的に「戦時評論」という一般的な規定ではなく、明確に「反ファシズム論」と位置づけるべきと思える。ゆえに、本稿の考察の前提となるのは、この解説の「戦時評論」という規定による、三木の反ファシズム論の位置づけへの疑念である。

この「戦時評論」にたいする久野の解説はつぎのようなものである。一九三〇年代の戦争に向かう歴史的状況において、三木には思想や行動によって「抵抗する途」は閉ざされていた。残されているのは、「戦後の準備にすべての責任をかけて、沈黙をつらぬく道か」、「戦争にすべての責任をかけて、戦争の意味転換をはかる道か」のどちらかであった。しかし、この戦争はすでに「全体戦争」であって、これに対する新しい「意味づけ」が、国民全体に受け入れられる条件はほとんどなかった。全体戦争は、「予防する以外に、いかなる臨床的処置も絶望的であり、またどれほど精神衛生を重んじても感染をまぬかれにくい」からとする。それゆえ、三木の「戦時評論」すなわち反ファシズム論は、結論的につぎのように規定される。「著者の評論を読みすすんでゆけば、著者の意味づけの敗北過程は、著者ほどの才能をもってしても、どうすることもできなかった事情があきらかになるであろう」（三木⑭）。

ここで、問題と思われるのは、つぎの点である。第一に、三木の評論が、戦争への「意味づけ」とされていること、第二に、その意味づけが必然に「敗北過程」に終わったという判断である。しかし、本稿では、三木の反ファシズム論は戦争を前提にした「意味づけ」ではなく戦争阻止の「批判」であったことを、後にみる「京都学派」の西田幾多郎やその「世界史の哲学」派による「意味づけ」と比較しつつ検討したい。さらに、三木のそれが「敗北」に終わったというのは、どのようなことを指すのか。それが戦争を阻止しえなかったという過去の事実をいうのであれば、妥当するかもしれない。だが、それが、現在さらに将来においてどのような意義をもつのかをみないかぎり、たんに「敗北」と判定しえない。そうした視点に立って、三木の反ファシズム論の内容とその意義を考察したい。

2　反ファシズム論の哲学的構成

三木哲学が中心的に希求するものをあえて簡明化していえば「人間存在」であり、それを基礎としたヒューマニズムであり自由主義の実現といえる。それは、若き三木が西欧留学中に学んだものが、ハイデッガーの下での現象学であり、またレーヴィットを介したルカーチやコルシュなどの西欧マルクス主義であったことに拠るだろう。三木が、留学中に書いた『パスカルに於ける人間の研究』（三木①）は、「生の存在論即ちアントロポロジー」に関する原理的問題をパスカルに託して論じたものであった。なぜなら「アントロポロジーは単に我々が自覚的に生きるために必要であるばかりでなく、すべて他の学問、所謂精神科学或は文化科学と呼ばれている学問の基礎である」と捉えたからであった（同）。そして、帰国後間もなく取り組んだマルクス主義の解釈書『唯物史観と現代の意識』においても、それを主として「アントロポロジーのマルクス的形態」たる「唯物史観」として捉え、マルクスの人間論の根源は「無産者的基礎経験」にあるとした（三木③）ことにも表れた。だが、三木はそのマルクス主義理解における「唯物史観主義」を批判され、まもなくそこから「離脱」する。しかし、その後の『歴史哲学』（三木⑥）においても、「存在の歴史」と「事実としての歴史」とを区別し、後者を「生」と称し「生は歴史を生あらしめるとともに歴史を葬る」もの、すなわち「事実は存在に先立つ」ものとした。このように、存在は一般に客体であり、事実こそが主体的なものと捉えたように、マルクス主義の主体的方向は維持されていったのである。

こうした三木の哲学観は、時代の進展に即して、現実的歴史と人間的実践関係にいよいよ深く関っていく。一九三二年に書かれた「危機意識の哲学的解明」（三木⑤）は、すでに反ファシズムの哲学的視座を方向づけたものである。ここでは、思想の危機に際して問題になるのは思想の「性格」であるとし、それを思想の「価値」と比較する。思想の価値は「真理や虚偽」を問題にするが、思想の性格は「善いか悪いか」を問題とする。そして前者を「存在的真理」、後者を「存在論的真理」としたが、それは『歴史哲学』における「存在」と「事実」の発展であった。かくて、哲学的認識は「存在的認識と存在論的認識」との弁証法的統一、人間は「主体と客体」の弁証法統一であるとしつつ、「自己における客体から主体への超越が認識の条件」と捉えた。そして、その条件として「環境」「情勢」「危機」をつぎのように捉える。「環境」は主体にとって「外に或いはそば」にあるが、「情勢」は主体の「内に或いは一緒に」あり、危機は「特定の情勢」としてただ「主体的にのみ」捉えられるとした。ここに、三木が

「危機」のファシズム時にいかに「客体」を超越しようとしたか明確である。

つぎに、三木がのちに「昭和研究会」など具体的な実践的活動に参加したのちの一九三九年に執筆された「時務の論理」（三木⑭）をみよう。「時務の論理」は、ディルタイのマキャヴェリ論で用いられた観念としつつ、その内容を独自に展開してゆく。時務の論理とは、マキャヴェリにおける政治の論理であり、「国家の技術」であり「国家の理性」の立場であるとする。つまり、時務の論理は経験的事実についての科学的認識を基礎とする技術であり、「権謀術策」ではないとする。つまり、技術は科学と同一ではなく、技術は客観的な認識と主観的な目的との総合であり、マキャヴェリにおいて「徳」であった。だが、この徳はいわゆる道徳のことではなく、「彼岸的理想」であり「力」をも意味した。このように、力と徳、自然的なものと精神的なものとの総合を求めるところに技術的な国家理性があり、時務の論理があるとした。そのうえで、こうした総合能力こそ「実践的構想力」であると規定したのである。ここに、三木はマキャヴェリを介して、権謀術策とは無縁な積極的な政治参加、実践的構想力による国家理性の実現を、「時務の論理」として自らに課したのであった。

最後に、三木らの反ファシズム運動にもかかわらず、日本が米英等との最終戦争に立ち入った一九四一年段階での論考「危機の把握」（三木⑭）を検討しよう。此論で、三木は、最近しきりに「危機」ということばが使われるようになったと始める。しかし、危機は今日に始まったのではなく、すでに四年も「支那事変」という戦争があるのに、その「事変」という名称が国民に危機意識をもたせなかった。ゆえに、今日「臨戦態勢」とか「決戦体制」が現れたのは、当然とする。しかし、我々は危機においても悲観してはならない、危機を感じることもなく真の希望を持つことがない状態がもっとも危険とする。また、危機は瞬間的なもの、限定されたものであることによって、人々を行動的にする。だが、現実から離れ思惟の内に彷徨することも、理論を放棄して行動におもむくことも、ともに「虚無主義」とする。危機から虚無主義に陥ることを救うものは祖国に対する愛、人類に対する愛であり、危機の正しい把握の中からこそ真の希望が生まれる、と結ぶ。ここには、まさに本格的戦争に突入せんとする時期に、その戦争の根源を冷静に問いつつ、悲観主義や虚無主義を排し、危機の内に希望の発現の認識の提起がある。まさに、それは国民大衆への真摯な呼びかけであり、最後まで自らを鼓舞する決意表明であったといえよう。

こうして、三木の理論的なファシズム批判の理論的骨格をみるかぎり、ここには「敗北過程」の経緯はいささかも見いだせない。では、その実践形態はどうであったかを確認しよう。

3　反ファシズムの実践形態

三木が反ファシズムの実践に具体的に関わっていったのは、一九三八年の「昭和研究会」への参加においてであった。昭和研究会とは、当時の政治の主役とみなされていた近衛文麿の親友であった後藤隆之助らが中心となって三六年一一月に設立した国策研究所であった。その「設立趣意書」によれば、最近の世界における日本の経済的、政治的位置はその根底より一変したにもかかわらず、日本の各分野の制度や政策は依然として旧態のままにある。「今や、官僚、軍部、実業界、学会などが一丸となり、真の国策樹立に当たるための機関の設置を急務とする」というものであった。またその「根本方針」には、「現憲法内での改革、既成政党の排撃、ファシズムに反対」などがあり、近衛に期待を抱きつつ政治刷新に意向をもつ「右から左まで」さまざまな人物が参加し、部門別の研究会が持たれた（以下、昭和研究会についての記述は、酒井三郎『昭和研究会』ＴＢＳブリタニカ、参照）。

そして、じっさいに翌三七年六月に第一次近衛内閣が成立し、昭和研究会の各研究会も大いに活性化したという。だが、その七月七日に盧溝橋事件が勃発し、「支那事変」が開始した。近衛内閣は事変の不拡大声明を出し、昭和研究会もその方針を確認した。しかし、同年一二月の南京陥落後、軍部は傀儡的「中華民国臨時政府」を作り、政府も翌年一月には「（蔣介石の）国民政府を相手にせず」との声明をだし、日中両国は泥沼に入った。こういう状況のなかで、昭和研究会は、当面の「支那事変」に限定せず世界のなかでの日本の位置と対処を探る「世界政策委員会」を設置した。その時期に、三木が「東洋の統一」の在り方を論じた「日本の現実」（『中央公論』三七年一一月、三木⑬）が昭和研究会のなかで注目され、三木に入会が求められ三木もこれに応じた。

こうして、三木は、一九三八年七月七日に昭和研究会の例会である「七日会」で「支那事変の世界史的意義」という講演を行った。その記録は『全集』未所収だが、その直前の論文「現代日本に於ける世界史の意義」(『改造』三八年六月、三木⑭)と内容はほぼ同一とみなせる。この論文の主軸は、先の「日本の現実」を発展させた、以下の主張と要約できる。第一に、「支那事変」の世界史的意義は「東洋」の統一とみなされる。この場合、東洋の統一ということは「東洋における日本の制覇というごとき帝国主義的観念」と混同されないことが大事である。第二に、東洋の形成の世界史的意味は、日本の世界史への登場が西洋近代文化との接触によって可能になったように、西洋との関係を無視しえない。「東洋」の形成される日は真に「世界」の形成される日である。第三に、「東洋の統一」が世界史的な課題であるならば、それは「資本主義の問題の解決」である。東洋の資本主義的統一だけなら真に世界史的な意味を持ちえない、とした。こうした主張は、当時の日本の名目的目標であった「東洋の統一」が中国などアジアへの「帝国主義」的制覇であるとし、東洋の統一が西洋への対峙(戦争)ではなく協同であるべきこと、さらに今日の世界史の最大の問題が「資本主義」の問題の解決とし、そこに東洋の統一の意義を明確にするものものであった。これは、まさに、当時においてだけでなく現在においても適用されるべき堂々たる正論であり政策であったといえる。それゆえ、三木のこの講演は昭和研究会においても高く評価され、その中に「文化研究会」を設けることを決め、三木にその委員長になることを要請し、三木も快諾したのであった。

しかるに、現実の日本は、三木らの方策への真逆なファシズム的政治を推進していった。近衛政府は、三八年一一月三日「東亜新秩序建設の声明」を発表する。この「東亜新秩秩序」はその向かう所をつぎのように方向づけた。「日満支三国相携え、政治、経済、文化等各般に亘り、互助連環の関係を樹立するを以て根幹とし、東亜に於ける国際正義の確立、共同防共の達成、新文化の創造、経済結合の実現を期するにあり。是れ実に東亜を安定し、世界進運に寄与する所以なり」。これは、第一に、侵略中の中国さらにその一部につくった「満州国」を既成のものとし、日本との「結合」じっさいには支配化におくこと、第二には、こうした日本を中心とする「東亜の安定」や「世界の進運」の意図は、東亜の代表という名称における日本帝国主義の米英帝国主義やソ連社会主義との闘争宣言というべきものであった。

これに対する、三木の再反論というべきものが、昭和研究会名での「新日本の思想原理」と「新日本の思想原理続編――協同主義の哲学的基礎」（一九三九年一月・同九月、三木⑰）であった。前者は具体的な政策論であり、後者はそれを根拠づける哲学的観点である。ここでは、前者に絞ってその要点を確認しよう。

此論の一「支那事変の意義」は、その世界史的意義を再び「東亜の統一」と「資本主義の問題の解決」にあるとする。つまり、東亜の統一は欧米の帝国主義の支配から支那が解放されることにより可能であって、日本も欧米に代わって「帝国主義的侵略」を行ってはならないとする。二「東亜の統一」では、一般に東洋的ヒューマニズムはゲマインシャフト的で人間と自然・生活と文化が融合しているが、西洋のヒューマニズムはゲゼルシャフト的で人間主義・文化主義とする。それゆえ、東亜の統一は、東洋文化の「世界的価値の発見」とともに「所謂アジア的渋滞からの脱却」を、西洋文化からは「科学的精神の学び取り」とともに「資本主義の問題の解決」を図ることを肝要とした。三木は、東亜の統一を東西文化の結合に於き、日本の実質的支配方向に対峙したのである。

三「東亜思想の原理」では、あるべき「東亜協同体」理念のもとに当時の諸思想を吟味し、その止揚を図る。たとえば、「東亜協同体」は「民族協同」を企図するためには「民族主義」を超えて、その内部には各民族の「独自性」が認められるべきである。日本もこの協同体の原理に従わねばならないかぎり、その民族主義も制限されるとした。また「全体主義」については、今日の全体主義は「民族主義に止まる全体主義」であり、東亜思想の原理では、「全体主義ではなくて民族協同の協同主義」でなくてはならないと指摘した。その他にも、共産主義の「階級闘争主義」は批判するが、「階級」の存在の事実は否定しない。近代資本主義の原理たる自由主義は、その「利己主義」「営利主義」を批判しつつ、その「人格の尊厳」「個性の価値」の意義を認めた。三木のこうした弁証法的論理は、たんに思想批判にと止まらない、直面する厳しい現実批判を意味した。四「新東亜文化と日本文化」では、日本文化は東洋や西洋の文化を摂取し発達した点で「包容的」「進取的」であるとする。そのうえで、「東亜協同体」における日本の役割について、日本がその「指導的地位」に立つことが東亜の諸民族を「制服」することではなく「融合の楔」になるべきとする。これは、「東亜の統一」における日本の「支配」的役割への厳しい規制であった。このように、三木執筆の「新日本の思想原理」は、帝国主義的「東亜の統一」策に対する抵抗のギリギリの思想形態を示すものであった。

しかし戦局が進むなか、一九四〇年七月に成立した第二次近衛内閣は、陸・海軍の不一致や既成政党の対立の克服をめざすとして「挙国一致」の「新体制運動」に乗り出し、同一〇月一二日に「大政翼賛会」を成立させた。昭和研究会員には、日独伊三国同盟や大政翼賛会には反対のものも多かったが、同会は一一月一九日解散することになった。三木は、最後まで「あくまで存続させるべき」と主張したという。こうして、三木は反ファシズムの公けの実践的活動からは退くことになったが、周知のように、その反ファシズムを崩さない理論活動を続行した。それは、『構想力の論理』や『技術の哲学』から、遺稿「親鸞」にまでにみられる。だが、終に一九四五年三月に「治安維持法」によって警視庁に検挙され、敗戦後の九月二六日に獄死した。それは、三木が生涯を掛けて理論的・実践的にファシズムと闘ったことの証明でもあった。

4　三木の反ファシズム論の意義

ここまで、三木の反ファシズムの理論的・実践的形態をみてきたが、その活動の意義をいくらか検討したい。戦前の「大東亜戦争」や「大東亜協同体」にたいする議論としては、三木のほかにも、「京都学派」からの主張がある。京都学派は、戦前の大正・昭和期の京都帝国大学の哲学科の教授を務めた西田幾多郎や田辺元・和辻哲郎などと、その弟子たちからなる第二世代の哲学者たち（三木もその一員である）の総称である。この学派の創立者といえ西田の哲学は、主客合一的「純粋経験」から「無」的場所や「行為的直観」などの観念的哲学を展開したが、後期には「歴史的世界」の形成論を主張した。だが、日本の戦争態勢が進展するにつれ、この学派は、戦争への関わりにおいて「左右」へと大きな分裂が生じた。西田やとくに第二世代の「世界史の哲学」派は戦争への実践的関与を強めたが、逆に三木清や戸坂潤などはその反戦の観点に立った自由主義や唯物論の論陣を権力に弾圧され獄死にまで至ったのである。

京都学派の戦争への主な理論的関与としては、三木以外には、西田幾多郎の「世界新秩序の原理」（一九四〇年、西田⑫）、第二世代の高坂正顕・西谷啓治・高山岩男・鈴木成高らによる戦時中の座談会『世界史的立場と日本』（一九四三年、中央公論社）があった。この当時の「京都学派」には、軍部からの戦争へのまさに「意味付け」の要請があり、西田には陸軍からの、第二世代には海軍からの具体的接触があった。したがって、とくに第二世代の議論は、戦争が激化するなかで戦争を賛美し国民を鼓舞するものに陥ったといえる。では、この三者の議論を比較する基準はどこにおくべきか。最初の基準は、対象に向かう論者の「観点」または姿勢であろう。つぎには、その観点と内在的に関わる議論の「内実」といえよう。前者については、三木の「戦時評論」を「意味づけの敗北過程」とする解説をみたが、西田幾多郎の「世界新秩序の原理」論を「軍部への警告と日本主義者たちへの批判」をこめた「意味の争奪戦」とみなす視点もある（上田閑照『西田幾多郎　人間の生涯ということ』岩波書店）。だが、「意味」一般の規定は、それが肯定的か否定的か、主体的か傍観者的かは不明確であり、結局は内容に即するしかない。そして、その内容の基準となるものは、先にみた三木の観点に導かれれば、「近代の超克」か「近代の止揚」かに関わるといえよう。つまり、日本による「東亜の統一」のための世界的使命をもつ戦争は、西欧近代を「克服」すなわち「超克」することであるのか、逆に日本帝国主義によるアジア植民地支配形態であり、それを解決するのは世界的な資本主義体制の「問題解決」すなわち近代の「止揚」なのか、ということになる。

では、これら「大東亜戦争」や「大東亜協同体」三形態の内容の具体的に比較しよう。

先の三木の「現代日本に於ける世界史の意義」や「新日本の思想原理」を再度要約すれば、第一に、「東洋の統一」は「東洋における日本の制覇というごとき帝国主義的観念」と混同しないこと。第二に、したがって、東洋の統一が世界史的な課題であるならば、それは「資本主義の問題の解決」にある。東洋の資本主義的統一だけなら真に世界史的な意味を持ちえない、ということであった。つまり、西洋近代が資本主義の成立・発展期とするならば、東洋の統一は資本主義・帝国主義のもとに包摂することではなく、「資本主義の解決」を行う方向においてその世界史的意義をもつという主張であった。

つぎに、西田の「世界新秩序の原理」は、第一に、近代ヨーロッパを基準にした世界史の時代区分をおこない、現代を「世界史的世界」の段階と捉える。つまり、一八世紀は個人主義自由主義の時代で国家と国家の対立には至らなかったが、一九世紀は国家的自覚の時代・帝国主義の時代だった。今日の世界は、世界的自覚の時代であり、各国家が世界的使命を自覚することによる世界史的世界とする。第二に、だが、各国家民族が世界史的世界を構成するということは、「それぞれの地域伝統に従って、先ず一つの特殊的世界を構成しなければならない」。つぎに、これらの特殊的世界が結合して世界的世界が構成される。これが、「今日の世界大戦によって要求される世界新秩序の原理」であり、「わが国の八紘一宇の理念」「東亜共栄圏の原理」であるとする。第三に、そのさいの東亜共栄圏の原理が、「党派性に陥る全体主義ではなくして、どこまでも公明正大なる君民一体、万民翼賛の皇道でなければならない」とする。西田の議論は、進行しつつある「東亜共栄圏」形成の戦争体制を独自の「世界新秩序」論によって合理化しつつ、全体主義・帝国主義への「逸脱」への注意喚起に止まるものだったといえる。

さらに、高坂らの『世界史的立場と日本』をみよう。そこでの戦争直前の座談会一「世界史的立場と日本」では、ヨーロッパの資本主義・機械文明が帝国主義や先の世界大戦を生んだ。つまり「文明の危機とヨーロッパの危機が不可分」として、「近代の超克」の観点に立つ。そのさい、戦争をも肯定する「モラリッシュ・エネルギー」を発揮する日本の「世界的必然性」が説かれる。座談会二「東亜共栄圏の倫理性と歴史性」は、「大東亜戦争」の開始日である一二月八日を、国民がモラリッシュ・エネルギーを最も生き生きと感じた日と賞賛する。そして、東亜共栄圏の理念が「アトム的民族国家」にかわる「民族圏としての広域圏」の理念を実現する、歴史的に未見のものと自賛する。座談会三「総力戦の哲学」では、敗戦近くを迎えた時期に「東亜共栄圏と国内規模での総力戦」の必要を説き、総力戦とは「国家全体、国民全体が捨て身の態勢になること」と鼓舞する。こうした言辞こそ、アジアの人民を苦難におとしめ、日本の国民を苛酷な敗戦に導いた戦争イデオロギーの結論であった。

ここに、三木の反ファシズム論こそ、日本のアジア侵略と米英等との帝国主義間戦争への途を合理化し「意味」づける「近代の超克」論ではなく、戦争の根源とその解決を明示する「近代の止揚」論であったことが明らかになる。それは真に戦争を推進するものへの批判であり対抗であったがゆえに弾圧されたが、今日もいまだこの未完の課題を照射するものであろう。

14　三木清と日本のフィリピン占領

平子友長

はじめに

これまでの三木清研究は、三木が敗戦から一か月以上経過した九月二六日豊多摩刑務所内で獄死したという事実の衝撃に影響され、日米開戦以降の三木の生涯を天皇制権力のいたましい犠牲者ないし敗北者として描き出すことが、習わしとなっていた。戦中の時局評論を収録した全集第一四巻〜第一六巻の編者である久野収によれば、戦時下の三木の文章は、それが三木自身の本音を表現していると見なしうるかぎりでは「敗北」過程の記録であり、それ以外は「著者の細心の注意が伏字をまぬかれる表現に結晶したにすぎない」、つまり検閲を意識して心にもないことを書いたものにすぎなかった（三木⑮六二九）。全集の主要編集者であった桝田啓三郎は、戦中の三木の活動を「沈黙を守ることなくあえて時局迎合者と見誤まれかねない危険を冒して細心な偽装下に空しい『抵抗』をつづけながら一歩一歩と後退を余儀なくされて行く痛ましい敗北の過程」であり、三木の「真の究極的な立場はあの非業の死が何より雄弁にこれを物語っている」と特徴づけていた（三木⑰六五七）。山田宗睦は、フィリピン徴用時代の評論「比島人の東洋的性格」（『改造』一九四三年二月）を次のように評価した。「『比島人の東洋的性格』は、権力が独立した思想家に強制した圧迫のむごさをしめしている。……権力が自己に反抗するものにくだす執拗な憎しみが、そこに顔をのぞかせている」（山田宗睦 一九七五、一四三頁）。本稿において筆者は、三木清の生涯の最後の数年間を犠牲者ないし敗北者としてのみ描いてきた三木像の「通説」(1)を克服するために、フィリピン徴用時期の三木の活動と思索を日本軍によるフィリピン統治の実態と関わらせながら考察することを試みた。(2)

1　日本のフィリピン占領の特殊性

日本が一九四二年一月二日フィリピンを占領したとき、フィリピンはすでに宗主国アメリカ合衆国によって一九四六年の独立を約束された自治植民地コモンウェルス（一九三五年発足）であった。したがってアジアを西洋列強の植民地支配から解放するという大東亜共栄圏の主張は、フィリピンでは根拠を持たなかった。

日本政府は、建前上は、フィリピンに対して米国依存の「過去の清算」と「大東亜戦争の完遂」への積極的協力を独立付与の条件として要求した。しかし現実の占領統治においては、コモンウェルス自治政府を支えてきたエリートの支配を温存させた。占領を指導した日本人指導者の多くは、欧米の大学への留学や長期の外国勤務の経験を持ち、アメリカの国情にも通じた国際経験豊富なエリートたちであり、宥和的な統治政策を支持する人々が多かった。村田省蔵（比島派遣軍最高顧問）、浜本正勝（ラウレル大統領特別顧問）、武内辰治（比島調査委員会補助委員）らがその代表格であった。日本本土においては狂信的な国体論が猛威をふるい現実的な国際認識に基づいて政策を決定する可能性を封殺しつつあった当時、むしろ軍政が敷かれていた外地においてはかえって、占領統治という制約の枠内ではあるが、現実的かつ合理的な統治行政を追求する可能性がわずかに存在していた。その可能性を真剣に追求した人々が日本側、フィリピン側双方に存在していた。

2　陸軍宣伝班・報道部の活動とフィリピン徴用時の三木の活動

日本のフィリピン占領の特殊性を象徴するものとして、陸軍報道部および宣伝班の活動があった（陸軍宣伝班は一九四二年七月陸軍報道部と改称された）。その目的の第一段階は、治安回復・民心安定・日本軍への信頼感獲得、第二段階は「東亜解放の真義を徹底」させる教化宣伝であった。しかしこうした教化宣伝が多少とも効果をもたらした地域は、事実上マニラに留まり、地方での宣伝活動は、第一段階の治安維持を目的とする活動に限定されざるをえなかった。

日本政府と軍部は、一九四一年一二月一日の御前会議で対米英蘭開戦を決定し、一二月八日真珠湾を空襲しマレー半島に上陸した。一二月二三日、ルソン島リンガエン湾に日本軍主力部隊が上陸し、四二年一月二日マニラを占領した。三木は、この直後（一月一六日）軍の徴用（第二次）を受け、約三週間品川御殿山の岩崎別邸ですごした後、三月陸軍宣伝班員としてマニラへ赴いた。帰国は同年一二月、約一〇か月のフィリピン滞在であった。第一次徴用組もふくめ三木と徴用をともにしたメンバーには、尾崎士郎、石坂洋次郎、今日出海、火野葦平、上田広、柴田賢治郎、沢村勉、安田貞雄、向井潤吉（画家）、田中佐一郎（画家）、寺下辰夫（詩人）、永井保（漫画家）らがいた。

同行した他の作家たちの従軍報告やそれを題材とした文学作品から共通に窺えることは、三木は彼らとは別格の扱いを受けていたこと、また三木自身もそのことをかなり意識しており、三木に対する特別待遇がしばしば徴用された作家たち（とりわけ石坂洋次郎と今日出海）の心に激しい嫉妬や反感の感情を引き起こしたことであった。三木とそれ以外の徴用作家たちとの軋轢は、しばしば文学作品の格好の題材となった。(3) その場合、今日出海の作品「三木清における人間の研究」が示しているように、問題の根源は三木清という人間の人格の問題として語りつがれてきた。しかし筆者は、この問題の背後には本土の東条内閣および大本営と現地の占領指導部との間に存在したフィリピンの現状認識と占領政策をめぐる深刻な見解の相違が存在していたと考えている。徴用作家たちは、何も知らされぬまま軍内部の決して表面化させてはならない暗闘に巻き込まれたのであった。

現地軍政監部スタッフは、近い将来フィリピンの「独立」を予定して、比島行政委員会（一九四二年一月二三日発足、長官ホルへ・バルガス）との宥和政策を追求していた。軍政監部は、哲学者にして政治評論家であった三木の文筆能力を高く評価し、本土政府に対しては現地の宥和政策と本土政府の遂行する「大東亜共栄圏」構想との辻褄を合わせる文章の書き手として、他方、日本軍政への不信を募らせて行くフィリピン住民に対しては日本の占領政策を現地住民の反撥を回避する形で説明する文書の書き手として、三木を政治顧問格で厚遇した様子が、さまざまな証言から窺うことができる。

本土では久野収が描いたように、蓑田胸喜《みのだむねき》、鹿子木員信《かのこぎかずのぶ》らの拝外主義的国体論によって自由な言論が閉塞させられ、リベラルな思想家さえも「危険思想」の持ち主として憲兵隊の執拗な迫害にさらされていた。他方、徴用先のフィリピンでは、現場の事情を踏まえずに下される中央政府や大本営の指令や国体論の押し付けに苦慮しながら、比島行政委員会やフィリピン住民との軋轢を極力回避することに腐心する現地軍政監部の思惑があった。薄氷を踏む思いで占領統治を進めている現地軍スタッフからすれば、本土の「常識」や国体論を居丈高にふりかざす作家たちは招かれざる客であった。結局、作家たちを前線に送って兵士達の戦いぶりを称揚する文章を書かせることが、当たり障りのない待遇であった。前線に派遣される作家たちからすれば、それが国家に対する命がけの奉仕として受け止められた。こうして「前線に出るか否か」が、徴用作家としての義務を全うしているか否かの基準とされた。

ところが三木だけは、重要知識人スタッフとしての活躍を期待されていた。このことが他の徴用作家たちには不愉快だった。石坂洋二郎の回想(『昭和史の天皇』第十一巻、一六一～一六二頁)からは、三木が他の徴用作家・芸術家たちとは全く別の特命、つまり現地軍政監部の布告する文章や本土への報告書などの原案を執筆するという特命を、ひょっとしたらマニラに到着する以前から内密に受けていたかもしれないという可能性が浮かび上がる。それは、たとえあったとしても軍の側からも三木の側からも絶対に漏らすことのできない極秘事項であったろうし、今となってはそれを確かめるすべはない。同行作家たちの回想は、マニラ滞在中三木がかれらとは明確に一線を画し、終日ホテルの自室に籠もり、異様なエネルギーで研究ないし執筆に没頭していた姿を異口同音に伝えている。(4)

「何故三木ばかりが優遇されるのか」という徴用作家たちの疑惑が次第に大きくなり、他方、三木もその不可解な行動の理由を秘匿しなければならなかったという事情が重なったところで、三木清の「人間」を問題にする戦後の一連の文学作品が成立した。今日出海は、マニラ滞在中の三木のおぞましく卑劣な行動を執拗に描きだしている。獄死した死者に鞭打ってまでも実名を挙げて告発しなければならぬほどの深い憎悪を作家の心に刻んだ本当の原因は、かれらの人生を弄んだ陸軍報道部に対する怒りであり、それが同じ運命を共有しながら徴用生活の空しさを自分たちと共有しなかった三木に対する憎悪に転移したのであった。阿部知二の戦後の一連の三木作品も、今日出海の短編から受けた衝撃に端を発していた。尾崎士郎は『人生劇場　離愁篇』「解説」(一九五四)において陸軍宣伝班の活動の「収拾のつかぬ混乱と動揺」を生々しく記述している。しかし徴用作家たちも東条政府・本土参謀本部と現地軍政監部とのフィリピン統治をめぐる確執と葛藤の渦に否応なく巻き込まれていた。

3 フィリピン徴用経験を三木自身はどう語っているか。

マニラ滞在中三木と関係した人々の証言から、三木がフィリピン文化に関するある研究的な「特命」を請けホテルの自室に籠もって研究とノート作りに没頭し、その合間に軍政監部の公布する指令や本土への報告書の案文を起草したことが窺われる。三木は、現地軍司令部との信頼関係の上に占領統治の実際に深く関わった。しかし帰国後三木は、それを公に語ることを許されなかった。というのも三木が携わった仕事は、東条内閣の方針と乖離する宥和主義的政策を推進する第一四軍司令部および軍政監部のフィリピン統治政策に関わる機密事項であったと推定されるからである。従軍作家はしばしば大本営や政府によって現地司令部の面従腹背を探る密告者として利用されてきた[5]。マニラで同行作家たちの反感を買ってまで秘密保持に努めた三木は、フィリピンでの研究内容をそのまま公開することは厳に戒めなければならなかった。

しかし本土とフィリピンをめぐる政府・軍内部の複雑な事情と厳しさを増して行く国内の言論統制という二重の制約にもかかわらず、三木はエッセイや講演の形で自らの徴用経験を慎重に言葉を選びなが

ら語っている。(6)

(1) 戦争の現実の厳しさ

三木は、一九四三年三月一日京都大学文化部の招待により「戦争の現実と論理　南方戦線の体験」と題する講演を行った。三木は、「南方の戦線をめぐって何よりも強く感ぜられたのは戦争というものの烈しさ、厳しさであった」という述懐から講演を始めた。ここには、「戦争の烈しさ、厳しさ」を知らぬ者たちが安全な場所にいて戦争政策を策定していることに対する激しい批判が込められていた。

戦争の厳しい現実性はこれまでの観念論的な弁証法に対して新しき解釈を与えんとするのである。……なるほど過去の歴史には対立の総合を考え得るであろうが、現在の対立が如何に総合されるか考えることは出来ない。現実の対立には妥協はない、未来はキエルケゴールのいうごとく絶対的断絶と考えるほかない。……かかる状態はこれまでのごとく対立の総合を以てしては把握できず、ここにおいて新しき論理が考えられねばならぬ。(三木⑳二五五)

三木によれば、(1)理論的対立は概念的に総合することができるが、現実的対立は総合することができない、(2)現実的対立の中から何が総合されて出てくるかを決定するのは実践である、(3)実践を通して打開されるべき対立の総合を、概念の操作によって実践に先回りして決定してしまうことが「観念論的な弁証法」の特徴であった。この「観念論的な弁証法」は、遙か後方の安全な地点に立って現場に指令を発する者の立場であった。この批判は、内容的には、田辺元の「絶対媒介の弁証法」および西田幾多郎の絶対無の「絶対矛盾的自己同一」の論理に対する批判を含意していた。

(2)　実証的精神と「後方の観念論批判」

一九四三年二月、三木は『一橋新聞』に「南方から帰って」という短いエッセイを寄稿した。「私が南方において特に必要を感じたというのは実証的知識である。何をするにしても、実地の調査と研究に基く知識が必要なのである。」(三木⑮五二二)。三木はこれまで「実地の調査と研究」を行ったことがなく、またその必要性を深く感得することもなかった。その三木が、「南方」の経験をふまえて、「すべての実践は実証的知識を基礎としなければならぬ」と主張するまでに成長している。三木の言う「新しき論理」は、もはや『構想力の論理』の三木ではない。三木は「哲学者」という肩書きさえも投げ捨てて「実地の調査と研究」に進むことさえ考えていた。戦時下の厳しい言論規制と三木自身の不幸な獄死によってこの「新しき論理」は具体化されずに終わった。しかし、だからこそフィリピンから帰国後の三木のわずかな発言と文章を細心の注意力を持って深く読み込むことが、今特に必要なのである。(7)

この「新しい論理」が、単なる既成の哲学諸潮流間の単なる宗旨替え(たとえば実証主義への転向)に留まらなかったことは、これが常に「後方の観念論」批判とワン・セットになって主張されていることからも読み取ることができる。

ところが従来日本の学問にはかような実証的研究をとかく軽視するという傾向があったのではなかろうか。……科学性というものは実証性と論理性の統一として成立するのである。ところが現在では、学問においてかような科学性よりも思想性が問題にされている。……しかしながら、ただ思想性だけを問題にして科学性を問題にせず、特に実証性を無視するということは、これも前線の現実と一致しない『後方の観念論』というものである。……日本が当面している厳しい現実は、甘い観念論、浪漫的な形而上学で乗り切れるものではないのである。ところが近来かような観念論的形而上学的傾向が著しく濃厚であるのは、反省を要する。……ところで思想と実行が一致しないという場合、……その思想にも何か欠陥があるのではないかどうか、反省の要があるのである。つまりその思想があまりに観念的であって、現実を処理するに役立たないというようなことがあるのではないか。即ちこの場合にも思想の実証性が問題である。……あらゆる種類の『後方の観念論』を克服しなければならぬ。（三木⑮五二二～五二三）

三木は、日本に必要とされている実証的精神が「前線」つまり戦争の現場に存在していることを知った。他方、「現実を処理するに役立たない」観念論は、「後方」に存在していた。「後方」とは本土であった。本土を我が物顔に闊歩している「思想」は、「思想性だけを問題にして科学性を問題にせず」、「日本が当面している厳しい現実」を「甘い観念論、浪漫的な形而上学で乗り切」ろうとしている体のものであった。「甘い観念論」とは大東亜共栄圏と国体思想それ自体であった。三木は、昭和研究会を拠り所として「東亜協同体」戦略を受容するポーズを取りながら、それを逆手に取る形で国体思想や日本中心主義の一面性を批判するという巧妙なレトリックをとってきた。しかし昭和研究会が一九四〇年十一月解散に追い込まれて以降は、いかなる抵抗も不可能となったように見えた。しかし三木は、いま、一〇か月のフィリピン経験をふまえてはじめて「思想の実証性」の立場から「大東亜共栄圏」を「後方の観念論」として批判する視座を獲得したのだった。

(3) 思想を論理化することの重要性

すべての観念論はけっきょく自己満足もしくは自己陶酔にすぎない。……今度南方の宣伝戦あるいは思想戦に従事した、責任感のある者の誰もが切実に感じたのは表現の問題、つまりどのように表わせば日本の思想を敵にあるいは現住民にわからせることができるかということであった。これは単に語学の問題でなく、また実に論理の問題である。……日本精神といい日本的世界観というものは、日本人同士の間なら、論理を介しなくても、感情だけでわかるかも知れない。しかし前線において異民族を相手にして、敵の思想を撃破して日本の思想を浸透させるためには、論理がなければならぬ。論理を無視することがあたかも日本的であるかの如き議論は、これも前線の現実を考えない『後方の観念論』である。(三木⑮五二一〜五二二)

昭和研究会に参加して東亜協同体構想にコミットしていた当時から、三木は、日本が東亜において指導的役割を果たそうとするのであれば、その指導理念は日本以外の東亜の諸民族にも通用する普遍性を持たなければならないという主張を展開していた。しかしフィリピンで三木が目撃した現実ははるかに深刻な事態であった。現地の陸軍報道部は、大東亜共栄圏構想や日本精神をフィリピン人たちに宣伝することを事実上放棄せざるをえなかった(8)。それは、現地部隊の怠慢ではなく、普及すべき日本精神や日本文化なるものがそもそも日本語以外の言語を母語とする人々には理解不能であるのみならず、現地で通訳に当たっているスタッフ自身にとってさえ理解不能な事柄であったからである。三木は、思想が翻訳可能となり、異文化の他者に理解可能となるためには、その思想がまずもって十分論理化されなければならぬことを痛感した。この経験は、おそらく、三木自身の哲学に対しても厳しい自己批判を迫るものであった。というのも三木の哲学は、本質的に、ロゴスに対してパトスの意義を強調する哲学であったし、ロゴスの立場を乗り越える哲学を三木は追究してきたからである。三木は今、実践的ロゴスの立場に戻ろうとしていた。

日本のフィリピン占領期の歴史を回顧すると、当時の良心的知識人にとって日本本土に留まっていることが、精神的には一番不幸なことではなかったのかとさえ思えてくる(9)。軍部・政府の人事をとっても国際経験の豊富な見識のある指導者たちは占領地域に派遣され軍政の仕事に就いていた。うがった見方をすれば、いわば外地では使い物にならない人々や要領の良い人々がより多く内地に残ったのではなかろうか。そういう人々に限って「国体明徴」など権威と建前を笠に着ていばりちらそうとする。占領地域では政府や参謀本部から送られてくる現地の実情を考慮しない決定や指令のばかばかしさは一目瞭然であったし、「日本精神」や「八紘一宇」などの宣伝を日本人以外のアジア人に伝達し理解させることのおろかさも明らかであった。現地の軍政担当者たちの方が内地に逼塞していた徴用前の三木自身よりもはるかに厳しい現実認識と柔軟な妥協精神を持っていた。三木がフィリピンから持ち帰った新しい実践的指針、現地の実証的調査・研究を重視し、パトス・感情に流れず論理を重視し、内地における「後方の観念論」と前線において対決するという指針は、三木の人生に決定的な転換点をもたらすはずであった。[10] 少なくとも三木は、自分の言論活動が孤立無援の絶望的な闘いであるという想いからは解放されていたのではないかと思う。

註

(1) 日本のフィリピン統治の実態については、中野聡の研究（中野一九九七、二〇〇七、二〇一二）を参照。
(2) 本稿は「三木清と日本のフィリピン占領」（平子二〇〇八）をもとにしているが、紙数の制限から記述を約五分の一に短縮せざるをえなかった。読者が上掲論文を参照してくださることを希望する。
(3) 阿部知二（一九五一、一九五四、一九六三、一九七三）、石坂洋二郎（一九七七）、今日出海（一九五〇）を参照。

（4）三木に対して反感を抱いた作家の一人である今日出海は、次のように書いている。「彼〔三木〕の部屋を二三度訪れたが、いつも鍵がかかっていて返事がなかった。彼も亦大野〔尾崎士郎〕、石渡〔石坂洋次郎〕の如く出勤免除組だったから、大体部屋にいる筈だったのに、いつも留守だった。」（今一九五〇、四二頁）。「三木清はどこで探してくるのか、机上に洋書を積み上げ、（比島には本屋がなかった）片っ端から読破してはノートをとっていた。三冊目のノートが今机上に開かれている。」（同、四五頁）。今日出海の文章からも、三木が他の徴用作家とは異なる研究的な任務を与えられていたらしいこと、同時に、その内容と目的については同行の作家たちにさえ秘匿しなければならなかったことが推測される。

（5）これについては平子（二〇〇八）で紹介した阿部艶子のエピソードを参照。

（6）フィリピン徴用中および帰国後の徴用経験に関わる諸論文・エッセイ・講演記録には、以下のものがある。
「日本の歴史的立場」一九四二年三月四日フィリピン放送局より英文で放送された講演の原稿、第二〇巻。

「アメリカ思想文化の敗北」『東京朝日新聞』一九四二年一二月八日、三木⑲。

「国民的性格の錬成」『日本文化の構想と現実』一九四三年一月、三木⑳。

「比島人の東洋的性格」『改造』一九四三年二月（『南十字星』に一九四二年七月から一一月まで八回に渡って掲載）、三木⑮。

「南方から帰って」『一橋新聞』一九四三年二月二五日、三木⑮。

「南方の大学」『毎日新聞』一九四三年三月二、三、四日、三木⑮。

「戦争の現実と論理」『京都帝国大学新聞』一九四三年三月五日、三木⑳。

「フィリピン」『中央公論』一九四三年三月、三木⑮。

「飛行場の埃」『比島戦記』一九四三年三月、三木⑲。

「比島の言語問題と日本語」『日本語』一九四三年五月、三木⑮。

「新しい環境に処して」『婦人公論』一九四三年五月、三木⑮。
「比島の教育」『教育』一九四三年七月、三木⑮。
「比律賓文化の性格」『国際文化』一九四三年一一月、三木⑮。
「比島人の政治的性格」自筆原稿、一九四三年一一月頃、三木⑮
「現代民族論の課題」講座『民族科学大系』一九四四年一一月、三木⑲巻。

（7）詳論は平子（二〇〇八）参照。

（8）具体的経緯は平子（二〇〇八）を参照。

（9）中国大陸における日本軍の非人間的な加害行為や朝鮮半島における植民地加害責任を自らの人間としての尊厳にかかわる責任問題として真面目にとり上げないという戦後日本思想史の伝統も、こうした内地中心の思想風土の中から生まれたのである。

（10）フィリピン徴用時期の三木を扱った研究は驚くほど少ない。最近の研究で注目に値するものは中野聡（二〇一一）である。

文献目録（アルファベット順）

阿部知二（一九五一）「思出」『世界』第七一号、一九五一年十一月号
――――（一九五四）「故里の人物」『改造』一九五四年一月号
――――（一九六三）「裂氷」『文芸』一九六三年一月号～一二月号
――――（一九七三）『捕囚』河出書房新社
阿部艶子（一九四四）『比島日記』東邦社
石坂洋次郎（一九七七）『マヨンの煙』集英社

『回想の三木清』（一九四八）三一書房
今日出海（一九五〇）「三木清における人間の研究」『新潮』第四七巻二号
久野収（一九七五）『三〇年代の思想家たち』岩波書店
三木清編集代表（一九四三）『比島風土記』小山書店
中野聡（一九九七）『フィリピン独立問題史――独立法問題をめぐる米比関係史の研究（一九二九〜四六）――』龍渓書舎
――（二〇〇七）『歴史経験としてのアメリカ帝国：米比関係史の群像』岩波書店
――（二〇一二）『東南アジア占領と日本人：帝国・日本の解体』岩波書店
日本のフィリピン占領期に関する史料調査フォーラム編（一九九四）『インタビュー記録　日本のフィリピン占領』龍渓書舎
尾崎士郎（一九五四）『人生劇場―離愁篇―』新潮社
平子友長（二〇〇六）「戦前日本マルクス主義の到達点――三木清と戸坂潤――」岩波講座『「帝国」日本の学知』第八巻「空間形成と世界認識」（山室信一編）、岩波書店
――（二〇〇八）「三木清と日本のフィリピン占領」、清眞人、津田雅夫、亀山純生、室井美千博、平子友長『遺産としての三木清』同時代社
玉田龍太朗（二〇一七）『三木清とフィヒテ』晃洋書房
山田宗睦（一九七五）『昭和の精神史』人文書院
読売新聞社編（一九七〇）『昭和史の天皇』第一〇巻、読売新聞社
――（一九七〇a）『昭和史の天皇』第一一巻、読売新聞社

第V部

宗教的世界と現実

——哲学と宗教のはざまで

15　超越への「構想力」——三木清の親鸞論の可能性

田中久文

はじめに

三木清の死後、遺稿のなかから『親鸞』と題するノートが発見された。そこでは、死の直前まで書き進められていた『構想力の問題』とは、一見余りにかけ離れた親鸞の宗教的世界についての議論が展開されており、人々を驚かせることとなる。

唐木順三は、『構想力の論理』が「昼の思索の結晶」とすれば、『親鸞』は「夜の瞑想」に結びつくものであり、前者が「孤独からの脱出面の結晶」であるとすれば、後者は「その沈潜面において生れたもの」だとし、「技術的行為的人間のイデーと懺悔的宗教的人間のイデーとは容易に結びつかないかに見える」としている(1)。

それに対して荒川幾男は、両者には通底するものがあるとする。荒川によれば、『親鸞』のテーマは、

「人間の原罪と不安の意識と信仰の問題ではなく」、まさに「人間の歴史的社会的存在論」であり、「『哲学的人間学』や『構想力の論理』が追求する三木清の基本的な構想の一つのヴァリエーションであった」という。(2)

しかし、こうした唐木の解釈も荒川の解釈も、ともに一面的であるように思われる。たしかに、唐木のいうように、『構想力の論理』と『親鸞』とは一見矛盾したもののようにみえる。しかし、両者は全く相反するものではなく、むしろ多くの点で問題意識を共有している。だからといって、荒川のいうように両者を「ヴァリエーション」の範囲内で考えるということにも無理がある。やはり、両者の間には大きな断絶・飛躍があるといえよう。

では、両者の関係はどのように考えればよいのであろうか。本論文は、『構想力の論理』を中心にした三木の哲学と『親鸞』との連続面と非連続面とを分析することによって、三木の哲学の新たな可能性について考えてみようとするものである。

1　三木の宗教的傾向

具体的な議論に入る前に、まず指摘しておきたいのは、『構想力の論理』を中心にした三木の哲学の読者にとっては意外に思われるかもしれないが、三木は早くから自己自身を宗教的な人間だと認識していたということである。

私は元来宗教的傾向をもった人間である。私はこのことを単に断言するのでなく、私の著書『パスカルに於ける人間の研究』がそれに対する立派な証拠を与えている筈である。そこにはパスカルに対する私の解釈を通じて私の宗教的感情が流れている筈だ。そしてこの私の宗教的な気持こそが私を究極に於てマルクス主義者たることを不可能ならしめるところのものの一つである。（三木⑱一〇四）[3]

ここでは、自身の「宗教的感情」の例として、パスカルの信仰するキリスト教があげられている。ただし、三木の場合、そればかりでなく、仏教特に浄土真宗の強い影響もみられる。

『聖書』は今も私の座右の書である。仏教の教典では浄土真宗のものが私にはいちばんぴったりした。キリスト教と浄土真宗との間には或る類似があると見る人があるが、そういうところがあると考えることもできるであろう。元来、私は真宗の家に育ち、祖父や祖母、また父や母の誦する『正信偈』とか『御文章』とかをいつのまにか聞き覚え、自分でも命ぜられるままに仏壇の前に坐ってそれを誦することがあった。お経を読むということは私どもの地方では基礎的な教育の一つであった。こうした子供の時からの影響にも依るであろう、青年時代においても私の最も心を惹かれたのは真宗である。そしてこれは今も変わることがない。……私の落着いてゆくところは結局浄土真宗であろうと思う。高等学校時代に初めて見て深い

感銘を受けたのは『歎異鈔』であった。（三木①三八三）

生地である兵庫県の龍野の土地柄もあって、三木は真宗の濃厚な雰囲気のなかで育ち、そうした信仰が自然に体に染み込んでいたようである。

ここで注意しておきたいのは、真宗とキリスト教とに「類似」性があるという考え方に三木が肯定的な点である。たとえば、三木の師である西田幾多郎は、自己の説く「絶対無」という概念を容易に「神」と言い換えたりもしているが、キリスト教の人格神との違いについては常に意識的であった。

真の自己否定を含まない神は、真の絶対者ではないと考える。それは鞫《さば》く神であって、絶対的救済の神ではない。それは超越的君主的神にして、何処までも内在的なる絶対愛の神ではない。（西田⑪四五八）(4)

これに対して、三木は仏教とキリスト教との違いといった問題には必ずしも敏感ではない。それは、後で出てくるように、仏教でも禅については無関心であったことや、彼が触れた真宗というものが、親鸞自身の著作というよりも、『歎異抄』によるものであったことが大きかったのではなかろうか。この問題は後に改めて論じたい。

さて、以上のような背景のもと、三木はかなり早くから親鸞について論じてみたいという意欲をもっていたようである。一九四一年に書かれた『我が青春』では、『歎異抄』が「今も私の枕頭の書となっている」とした上で次のように述べている。

最近の禅の流行にも拘らず、私にはやはりこの庶民的な浄土真宗がありがたい。恐らく私はその信仰によって死んでゆくのではないかと思う。後年パリの下宿で——それは廿九の年のことである——『パスカルに於ける人間の研究』を書いた時分からいつも私の念頭を去らないのは、同じような方法で親鸞の宗教について書いてみることである。（三木①三六四）

これをみると、遺稿『親鸞』は三木にとってイレギュラーな仕事だったわけではなく、若い頃からの念願であったといえよう。それだけに、三木自身が『親鸞』の内容を、それまでの自己の哲学と矛盾するものとみなしていたとは考えにくい。

2　内在と超越

以上のように、『親鸞』は三木が早くからもっていた深い宗教的感情が必然的に書かせたものであったと思われるが、では、それはそれまでの彼の哲学とどのように関わるのであろうか。以下、両者の連続面、非連続面を具体的にみていきたい。

まず、内在と超越という観点から考えてみよう。『構想力の論理』を中心にした三木の哲学は、内在性ばかりを問題にしており、超越性の視点がないように思われがちである。しかし三木は、「構想力を単に内在的なものと考えることは間違っている。〔構想力の形成する〕形はどこまでも超越的なものである」（三木⑧二五〇）として、超越性の契機も強調している。ただし、この場合の超越とは、宗教的な意味でのそれではなく、具体的には人間の環境からの乖離ということを意味している。

人間はつねに環境のうちにありながら環境と冥合的に生きるのでなく環境から超越しており、同時に逆に環境は人間を超越している。人間は主体として環境から超越すると共に環境は客体として人間を超越したものとなる。（三木⑧二四七）

したがって、「構想力」の超越性とは、なんらの神秘性をも意味するものではなく、人間の環境からの「自由」を意味しているのである。

構想力の自由な産物が客観性を有するところに構想力の超越性が認められる。人間存在の超越性とは何等神秘的なものでなく、彼の自由に作り出すものが全く客観的なものであるという明白な事実のうちに人間存在の超越性がある。（三木⑧二二九）

こうした「構想力」の超越に対して、『親鸞』における超越とは、いうまでもなく絶対者としての阿弥陀仏への超越を意味している。その点では、「構想力」の哲学と『親鸞』とには大きな隔たりがあるといえよう。

ただし、『親鸞』では宗教というものについて、超越性ばかりでなく、逆に内在性も強調されている点には注意しておかなければならない。そうした考え方は、三木の宗教観の基本をなしているようである。

例えば、マルクス主義者は宗教をもって本質的に「彼岸主義」であるとしている。云うまでもなく「超越」ということは宗教の本質に属している。しかしこの超越は彼岸主義とは直ちに同一ではない、それのみならず、宗教に於ては、超越（Transzendenz）の反面には必ず内在（Immanenz）がある。神は単に超越的としてでなく、同時にまた内在的として考えられる。宗教は凡て現実を逃避して彼岸の世界を求めるのではない。寧ろ現実に対する最も熱烈な闘争をも宗教は要求しているのである。（三木⑱一一三）

ここで三木は、宗教を単なる「彼岸主義」ととらえる見方を批判し、「現実に対する最も熱烈な闘争」をも要求するものだとしている。それは広くいえば、宗教の社会性、歴史性への着目を意味している。事実『親鸞』では、親鸞の宗教のそうした側面に焦点が当てられている。その点からみると、「構想力」の哲学と『親鸞』との間には深い連続性が存在するといえよう。

3 「ロゴス」的なものと「パトス」的なもの

周知のように、三木は「構想力」を「パトス」的なものと「ロゴス」的なものとを統合するものと考えていた。その上で、宗教性に向かう契機といえるものがあるとすれば、「パトス」的なものであるとしている。

パトスの方向において飽くまで深まり「パトス的無」が飛躍的に「絶対的有」として体験され、真に宗教に達したとするならば、人間は創造的精神として生れなければならぬ。現在多くの人々がほんとに深くパトス的になりつつあるとすれば、そのことは人間の再生の根源に接するに至るものとして意義があるのである。(三木⑬三〇)

ここでは、「パトス」的なものと宗教との深い関係が論じられている。ただし、「パトス的無」がそのまま宗教につながるのではなく、それが「飛躍的に「絶対的有」として体験され」たときに始めて宗教に達するとされている。

三木のいう「パトス」的なものとは、当初「基礎経験」と呼ばれていたものである。三木は「基礎経験」について、「基礎経験はその本来の性格として既存のロゴスをもって救済され、止揚され得ぬものである、したがってそれはそれの存在に於て不安である」（三木③六）と説明している。この「不安」感とは、より具体的には「虚無」感につながっている。

自己を集中しようとすればするほど、私は自己が何かの上に浮いているように感じる。いったい何の上であろうか。虚無の上にというのほかない。（三木①二五四）

三木のいう「パトス的無」とは、こうした「虚無」感のことであろう。それを突き詰めていったとき、そこに「飛躍」が起これば、宗教に達するというのである。

こうした、「構想力」の哲学にみられる「パトス」的なものは、『親鸞』にもみられるように思われる。「親鸞はつねに生の現実の上に立ち、体験を重んじた。そこには知的なものよりも情的なものが深く湛えられている」（三木⑱四二三）としているのは、親鸞の宗教の「パトス」的な側面を強調したものであろう。

そうしたなかで、先に触れた「パトス的無」に当たるものを『親鸞』のなかにみようとすれば、それは「無常感」である。事実三木は、仏教における「基礎経験」は「無常感」であるとしている。

無常は我々の原始的な体験に属し、仏教にとってその説の出てくる基礎経験である。（三木⑱438）

ただし、肝腎の親鸞その人は「無常感」についてほとんど触れていないことに三木は気づく。

人間の現実を深く見詰め、仏教の思想を深く味わった親鸞に無常感がなかったとは考えられない。しかも彼はこの無常感にとどまることができなかったのである。（三木⑱四二八）

三木によれば、「親鸞においては無常感は罪悪感に変っている」（三木⑱四二九）という。

こうした親鸞の「罪悪感」に近いものは、実は三木の「基礎経験」や「パトス」的なもののうちにも存在している。三木は、「基礎経験は現実の経験としてはひとつの闇である」（三木③七）と語っているが、この「闇」には人間の罪性と通うものがあるともいえる。

三木は、そうした「パトス」的なものが「デモーニッシュ」なものであるとも語っている。

人間はデモーニッシュである。デモーニッシュなものとは無限性の、超越性の性格を帯びて感性的なものである。（三木⑧二四八）

「デモーニッシュ」なものとは、「感性的」でありながら、「超越性」と関わるものであるという。そうした意味では「罪悪感」に近いものがあるように思われる。

ただし、親鸞の「罪悪感」とは、阿弥陀仏への信仰を基にした上での、それへの背反という宗教的な感情である。それに対して、「デモーニッシュ」なものとは、あくまでも人間の環境からの乖離に由来する感情であって、宗教的な絶対者への背信といったものではない。

人間のパトスがデモーニッシュであるのは人間存在の限りない窮迫を示すものであり、かくの如き窮迫は、この存在がもはや環境と融合して生きることはなく、環境に対して主観的に乖離していることに由来する。（三木⑧二四九）

では、一方の「ロゴス」的なものは、『親鸞』において問題にされているであろうか。

先に述べたように、「親鸞はつねに生の現実の上に立ち、体験を重んじ」、「知的なものよりも情的なもの」を重視したと三木は考えるが、しかし他方では、「このことから親鸞の宗教を単に「体験の宗教」と考えることは誤である。宗教を単に体験のことと考えることは、宗教を主観化してしまうことである。宗教は単なる体験の問題ではなく、真理の問題である」（三木⑱四二三）と述べている。その上で、「親鸞がこころをつくして求めたのは「真実」であった」（三木⑱四八三）としている。

このように、親鸞の宗教は情的なもの、主観的なものに基づきながらも、最終的に求めたものは客観的な「真理」「真実」だということを三木は強調する。この場合の「真理」「真実」とは、三木の「構想力」の哲学でいえば、明らかに「ロゴス」的なものに対応しているといえよう。

その意味で、「構想力」の哲学とは異なった位相においてではあるが、三木は親鸞の宗教にも「ロゴス」的なものと「パトス」的なものとの統合をみようとしていたと考えることができる。

4　歴史意識

三木の哲学は、人間を歴史性においてとらえようとする点に大きな特徴をもっている。そうした考え方が最もよく現れているのが『歴史哲学』である。

『歴史哲学』において三木は、「不断の過程を丁度完結せしめ、それによって歴史の一の全体が与えられるような絶対的な時間点があるとしたならば、それはまさに現在を措いてのほかないであろう」（三木⑥一六）とし、「現在」の実存から歴史をとらえようしている。三木は、そうした意味での「現在」を「事実としての歴史」と名づけ、それをすべての歴史の根源においている。

一方、『親鸞』においても、当時流行していた「正像末史観」に基づいて、人間の歴史性が強調されている。三木によれば、親鸞の説く「正像末史観」とは、「歴史の単に客観的に見られた時代区分として把握されたのではなく、主体的に把握された」ものであるという。すなわち、「現在は末法であるという自覚が歴史の全体を自覚する可能性を与える」（三木⑱四四六）ものであるとして、「正像末史観」の中心は自己の「現在」にあるとしている。

より具体的にいうと、「時代の歴史的現実の深い体験は親鸞に自己の現在が救い難い悪世であることを意識させた」（三木⑱四四九）という。そのことは、「単に時代に対する批判であるのみではなく、むしろ何よりも自己自身に対する厳しい批判を意味した」のである。すなわち、「批判されているのは自己の外部、自己の周囲ではなく、却って自己自身である」（三木⑱四五二）というのだ。

このように「現在」の実存から歴史をとらえようとする見方は、明らかに『歴史哲学』の考え方を受け継ぐものである。

ただし、いうまでもなく「正像末史観」は単なる歴史観ではなく、「超越的な根拠」からみられた歴史観である。

時代を末法として把握することは、歴史的現象を教法の根拠から理解することであり、そしてこのことは時代の悪を超越的な根拠から理解することであり、そしてこのことは時代の悪をいよいよ深く自覚することである。かくてまた自己を時代において自覚することは、自己の罪を末法の教説から、従ってまたその超越的根拠から理解することであり、かくして自己の罪をいよいよ深く自覚することである。（三木⑱四五三）

実は、『歴史哲学』においても、「事実としての歴史」が「形而上学的」な側面をもっていることは強調されている。

形而上学的なものは寧ろあらゆる存在を越えるものという意味で事実でなければならぬ。かかる事実としての歴史は、存在としての歴史を越えるものとして原始歴史 Ur-geschichte（オーヴァベック）と呼ばれてもよいであろう。事実が形而上学的なものと考えるにしても、それはこのものが不易不動であるということを意味するのではない。それは絶えず運動し、発展する。（三木⑥二五）

しかし、ここでいう「形而上学的なもの」とは、宗教性と結びついたようなものではなく、そこからすべての歴史が湧出するといった意味のものである。それは、『親鸞』において「超越的な根拠」が「教法の根拠」と直結しているのと対称的である。

5 言葉と社会

三木の哲学においては、言語というものが重視されている。未完に終わった『構想力の論理』も、次に言語について論じるということが予告されていた。

三木は言語を何よりも社会的実践という観点から問題にした。その際注目したのは、アリストテレスの説いた「修辞学」というものである。「修辞学はギリシアの活発な社会的実践的生活のさなかに発達させられたもの」（三木⑤一四〇）であり、言葉のもつ「ロゴス」面と「パトス」面とが統合されたものであるという。なぜならば、言葉とは「単に相手のロゴス（理性）にでなく、また彼のパトス（情意）

に訴える」（三木⑤一四七）ものだからである。

そうした「修辞学」は、人間が個人的であるとともに社会的でもあるという弁証法的関係のなかで働くものとされている。

修辞学の論理は弁証法である。人間はどこまでも社会的であると共にこの社会に於てどこまでも独立のものであるということが修辞学的思考の基礎である。（三木⑤一五四）

こうした三木の哲学における言葉に関する議論に対して、『親鸞』では、言葉とはあくまでも超越的真理として人間に降る客観的なものと考えられている。

もとより宗教的真理の客観性は物理的客観性ではない。その客観性は経において与えられている。経は仏説の言葉である。信仰というものは単に主観的なもの、心理的なものではなく、経の言葉という超越的なものに関係している。（三木⑱四八四）

ただし、釈尊の語る言葉は、真の言葉ではないという。なぜならば、それは釈尊自身によって自証された法を明らかにしようとするものであって、宗教ではなく、むしろ道徳や哲学であるからだ。親鸞にとって真の超越性をもった言葉とは、阿弥陀仏から与えられた「名号」であるという。

真に超越的なものとしての言葉は釈尊の言葉ではなくて名号である。名号は最も純なる言葉、いわば言葉の言葉である。この言葉こそ真に超越的なものである。（三木⑱四八五）

このように考えると、三木の哲学と『親鸞』とでは、言葉に対するとらえ方が正反対のように思われる。

ただし、三木によれば「名号」というものは、単に超越的であるばかりでなく、現実のただなかで働くものでもある。

しかしこの超越的真理は単に超越的なものとして止まる限り真実の教であり得ない。真理は現実の中において現実的に働くものとして真理なのである。……弥陀の本願はかくの如き現実への関係において普遍性を含んでいる。それは「十方衆生」の普遍性である。（三木⑱四八五）

親鸞の説く「超越的真理」は、現実から遊離したものではなく、「現実への関係」における普遍性、言い換えると「十方衆生」のなかで生きて働く普遍性であるという。

しかも、「十方衆生」の普遍性だけでは、なお抽象的である。なぜならば、「宗教においてはどこまでも自己が救われるということが問題である」（三木⑱四八六）からだ。

かくして「十方の衆生」のための教は実は「親鸞一人」のための教である。普遍性は特殊性に転換する。かかる転換をなしおわることによって普遍性もまた真の普遍性になるのである。今や特殊性に転換した普遍性は現実的に普遍性を獲得してゆく。(三木⑱四八七)

ここでは、「十方の衆生」という社会性と「親鸞一人」という個別性とのまさに弁証法的関係に真の普遍性がみられている。そう考えると、それは、三木の哲学における「修辞学」の構造と共通した性格をもっているといえよう。

ただし、いうまでもなく、親鸞の宗教では、そうした弁証法的関係を支えるものとして、「名号」という「超越的真理」が前提とされているのである。

なお、『親鸞』においては、こうした真の普遍性というものは、具体的には、信仰を共にする「同朋同行」によって形成されるとされている。それを三木は現世における「仏国」とよぶ。

そうした「仏国」というものに近い概念を、三木の哲学において探すと、彼が理想の共同体と考えた「東亜協同体」というものが思い浮かぶ。三木によれば、「東亜協同体」論の「協同主義」とは、全体主義と個人主義とを統合するものであり、「個人主義を単純に否定するものでなく、却ってこれを真の意味に於て止揚するもの」(三木⑰五七四)であるという。こうした「協同主義」に基づく「東亜協同体」について三木は次のように説明している。

現在世界の諸国に台頭している民族主義については、先づ第一に、それが抽象的な近代的世界主義を克服する契機となるものであるという意味に於て重要性を有することが認められねばならぬ。しかし既に述べた如く、今日の世界は単なる民族主義に止まり得るものでない。東亜協同体は民族協同を意図するものであるが故に、その思想は単なる民族主義の立場を超えたものであることが要求されている。（三木⑰五一六）

このように、「東亜協同体」は彼が理想とした共同体であり、「全体主義と個人主義とを統合する」という点では、『親鸞』における「仏国」と共通した性格をもっているといえる。ただし、「日満支」の文化的伝統に基づく「東亜協同体」と、宗教的平等性に基づく地上の「仏国」とには大きな開きがあることもまた事実である。

おわりに――宗教的構想力の可能性

以上、三木の哲学と『親鸞』とを比較検討してきた。両者は多くの面で問題意識を共有しながらも、その最終的な解決への道は異なっていた。

では両者をつなぐ可能性はないのであろうか。言い換えると、三木の哲学の中核をなす概念である「構想力」というものが、宗教的超越の場面においても機能する可能性はないのであろうか。

そもそも、大乗経典では豊かな「構想力」が駆使されているともいえる。和辻哲郎は、大乗教典を「文学的創作」と考えることができるとし、「この文学はすべての文学がそうであるように空想的な想像力の働きによって成るものである」（和辻⑲二四〇）[5]としている。それは、「非感覚的なるものおよび超感覚的なるものを直接に感覚的なるものによって表現するという独特の象徴主義に成功」（和辻⑲二六一）したものであり、「「絶対的なるもの」を芸術的に表現しようとする比類なき冒険」（和辻⑲二八九）であったとする。

親鸞が依拠した大乗経典である浄土三部経にも、浄土や阿弥陀仏等の諸仏諸菩薩の多様な物語がイメージが豊かに展開されている。そこでも、「構想力」が駆使されているといえよう。

そうした宗教的なものに関わるような「構想力」の働きを、三木の考える「構想力」論が含んでいないわけではない。『構想力の論理』第一章「神話」では、「主観的即客観的という意味において構想力は「勝れて形而上学的な能力」もしくは「存在論的な能力」と見られ得るであろう」（三木⑧四一）とされている。特に、「神話」の成立の根底に「構想力」の働きがあることが強調されている。

構想力の論理は却って主観的・客観的なものを全体として超えたところに見られねばならず、従ってここでも構想力の超越論的性質が問題でなければならぬ。神話における超自然的なものと自然的なものとの混合はかような超越の原始的な形像である。（三木⑧四二）

しかし、『親鸞』には、こうした「構想力」の考え方が持ち込まれていない。さらに、三木が晩年に説いた「自然の構想力」という考え方では、親鸞の宗教と「構想力」の哲学とがつながる可能性が一層強いように思われるが、これに関しても『親鸞』では何も触れられていない。三木の説く「自然の構想力」とは次のようなものである。生命は長い進化の過程のなかで、環境により適応するために次々に新たな「形」を生み出してきた。その意味で、「自然的生命も技術的なもの、形を作るものと見られ得る限り構想力の論理に従っている」（三木⑧二三六）というのだ。

こうした「自然の構想力」という考え方は、特に親鸞の宗教との関連を考える際に大きな示唆を与えてくれるように思われる。というのも、周知のように親鸞は、「弥陀仏は自然のやうを知らせん料なり」（『末燈鈔』）と述べ、阿弥陀仏は「自然」の働きを形象化したものであると説いているからである。

もちろん、「自然」という概念の内容は、三木と親鸞とでは大きな違いがあると思われるが、その連関を考えてみることも十分できたはずである。しかし三木は、『親鸞』で「構想力」の問題にまったく触れていない。

たとえば遠山諦虔は、親鸞について論じるなかで、「「自然の浄土」と呼ぶ世界は色も形もない非感覚的な世界」であるとされながらも、他方で「真の浄土は種々のイマージュが願力自然に躍動する世界であって、単に非感性的な空無の世界ではない」とし、「イマージュ」を超えた世界と「イマージュ」との無碍なあり方に注目している。(6)

そう考えると、親鸞論に「イマージュ」を形成する「構想力」を持ち込むことは十分に可能であったはずである。

では、なぜそうならなかったのであろうか。

おそらく、その最大の理由は、彼の真宗観によるものと思われる。そもそも親鸞は、阿弥陀仏を「自然」の働きを形象化したものであると説いたり、さらには阿弥陀仏そのものは究極的には形を超えた「無為法身」であると説いたりしている。その意味で、親鸞の思想は仏教本来の「無」や「空」の思想に深く根ざしたものであるといえよう。

しかし、先にふれたように、三木には「無」「空」に基づく仏教と、人格神に基づくキリスト教とを明瞭に区別するという姿勢がなく、若い頃から等しく関心をもっていた。それは、三木の親鸞像の源泉が『歎異抄』であったこととも関係していると思われる。『歎異抄』には、阿弥陀仏を「自然」や「無為法身」と結びつけようとする考え方はほとんどみられない。

西田幾多郎は、親鸞の説く阿弥陀仏を問題にする場合でも、あくまでもそれを「絶対無」の象徴と考えていた。そして、それは「外から自己を動かすのでもなく内から動かすのでもなく、自己を包むもの」であるとしている。しかし、そうした阿弥陀仏観は三木にとって受け容れられるものではなかったであろう。

三木は、西田の哲学を「観想」の哲学、「心境」の哲学として批判したが、その原因を「絶対無」との融即を主張することにあると考えていたようである（もちろん、それが正当な西田理解であるかは問題であるが）。西田の阿弥陀仏観は、そうした西田の哲学が反映したものと三木にはみえたであろう。それに対して、宗教の世界においても力動性を求めた三木はあくまでも阿弥陀仏に人格性を求めたのではなかろうか。しかし、そのために三木の哲学においては、「無」に宗教的な神聖性を求めることができず、それは単なる「虚無」とみるしかなかった。

遠山は、「此岸から見られる理想としての浄土は、実はそれを表層的な対立意識の立場から見たものであるが、本来的な浄土イマージュは、意識のより深い層に根源をもち、その根源からの現出と考えられる」とした上で、そうした「意識次元の転換には「無」が介在している」としている。

そう考えると、三木が宗教的イマージュをも生み出すような「構想力」を考えるためには、それをより深い意識次元においてとらえ直す必要があるように思われる。三木はカントが「構想力」というものを感性と悟性との「共通の根」としたことに注目しているが、それが宗教と関わるためには、さらに一層深い「根」を掘り出さなければならなかったであろう。三木がもし、もう少し生きていたならば、あるいはそうした「構想力」論を展開していたかもしれない。

註

（1）唐木順三『三木　清』筑摩叢書73、一九六六年

（2）荒川幾男『三木　清——哲学と時務の間——』紀伊国屋書店、一九八一年。

（3）三木からの引用文については、岩波版『三木清全集』の巻数・頁数を付した。

（4）西田からの引用文については、旧版の岩波版『西田幾多郎全集』の巻数・頁数を付した。

（5）和辻からの引用文については、岩波版『和辻哲郎全集』の巻数・頁数を付した。

（6）遠山諦虔『親鸞・自然の浄土』法蔵館、一九九〇年。

16　三木清の哲学と宗教

岩田文昭

三木清がその早い晩年に「親鸞」に関する原稿を残したことは、多くの人々に意外の念を持って受けとられた。それは生前の三木のイメージとは違うように感じられたのである。しかし、実際のところ、三木の思索はその生涯を通して「宗教哲学」の完成を目指していた。三木の遺稿「親鸞」はそのことの証しといえるであろう。ここではまず、三木が若いときから宗教哲学の構築を目指していたことを説明し、ついで、遺稿「親鸞」の哲学的意義について検討する。その際、とくに武内義範『教行信証の哲学』との関係に着目して解明していく。

結論的なことを述べるならば、第一に、三木の「宗教哲学」とは、宗教にとってかわるものでなく、媒介的な性格をもつ、本質的に未完成の哲学であったこと。第二に、遺稿「親鸞」には、「社会倫理への眼差し」「歴史的現実の重視」「現実の宗教への批判」などの特徴があることを明らかにしたい。

1　三木における「宗教哲学」

「宗教哲学」という表現は、一見、宗教化した哲学のような印象を与える。哲学が宗教的色彩を帯び、宗教にとってかわる宗教的思想として受けとられることもあるだろう。しかし、三木の「宗教哲学」はそうではない。哲学が哲学として深まることで、実在する「宗教」と関わる場を探求するものなのである。とりわけ、三木の「宗教哲学」は、歴史的現実を重視する点に特徴がある。

このような宗教哲学構築のために、学生時代から三木は思索を広げ、また深めていったといって過言ではない。遺稿「親鸞」にいたるまでの、三木の哲学と宗教との関係を簡単に示しておこう[1]。三木は東京の一高時代に西田幾多郎の著作を読み、哲学者として生きることを決めた。ただしこのこととともに、幼児期からの真宗への深い関わりと歎異鈔への感銘や真宗大谷派の僧・近角常観の思い出も語っている点に注目したい（三木①三八三～三八四）。

京都帝国大学在学時に脱稿した、「語られざる哲学」という手稿がある（三木⑱一～九三）。この手稿は学術論文ではなく、未来ある青年が哲学者として生きる、自身の抱負や意気込みを書いたものである。青年らしい大仰な言い回しも多く、自身の思想的立場に関する表現も洗練されたものではないが、それだけにのちに展開された三木の思索の萌芽が見て取れる。とりわけ、哲学と宗教との関係については、その後の思索の原型となるものが示されている。三木は、自身の哲学は知識より生活を重要視するのだとした上で、「よき生活を可能ならしめる」ためには、「絶対者の存在」が必要であるとかなり性急に結論づけている（三木⑱六三〜六四）。重要なのは、「絶対者の存在」が必要であるといっても、それは合理的推論に基づく要請ではなく、非合理的に、あるいは信仰によって与えられるとしていることだ。このように、三木の「語られざる哲学」は生活を重視する哲学の立場に立ちながら、そこに宗教と関わる地点を模索していたのである。

三木が京都帝国大学に提出した卒業論文「批判哲学と歴史哲学」は、啓蒙の思想とドイツ観念論との関係をカント研究の枠組みの中で論じたものである。この論文には哲学研究者として思索の進展が認められるのだが、そのなかでも宗教哲学への言及は注目にあたいする。歴史哲学の探究は最終的には宗教哲学を必要とするとして、次のように述べている。「歴史的活動の究極の意味は純粋な宗教的信仰によつて確められる。歴史哲学の最後の問題は宗教哲学に於て解決の安定を得るのである」（三木②四八）。

大学卒業後、三木はヨーロッパに留学する。ハイデッガーに現象学的解釈学の方法を学び、その方法をもとにパスカルを論じた。三木の最初の単著『パスカルに於ける人間の研究』は、パスカルの思想をもとに、人間における哲学と宗教との関係を論じたものであり、それはまとまった宗教哲学の書だったある。

その後、三木はマルクスの研究なども進めた。ところが、人間存在の根幹に「宗教的要求」があることは明確に認めていたのである。一九三〇年に豊多摩刑務所で検事宛に書いた「手記」は、三木の宗教に対する基本的態度をよく示している。この手記で三木は、学者として自身の哲学構築を目指して生きてきたと書いている。すなわち、「私は絶えず自分自身の哲学を求めて歩いて来た」（三木⑱一〇〇）のである。そして、その哲学形成途上において出会ったものとして、「西田哲学」「ハイデッガーの哲学」「マルクス主義」を挙げる。それらに一時的に心を奪われることがあったにしても、それらは「私の哲学的旅」において出会ったひとつのものに過ぎないとしている。そして、「私は元来宗教的傾向をもった人間である」（三木⑱一〇四）と明言する。「この私の宗教的な気持ちこそが私を究極に於てマルクス主義者たることを不可能ならしめるところのものの一つである」（三木⑱一〇四）としているのである。つまり、一方で、三木は自身の哲学形成の途上ですぐれた哲学思想に出あったものの、あくまで自身の哲学形成が主であり、特定の哲学思想が自身の哲学そのものになったことはないとし、他方、自身の深い宗教的傾向について告白し、その傾向ゆえに、マルクス主義者たることが不可能であったと述べているのである。

この「手記」は拘留中というかなり特異な状況で書かれたものだが、三木の思想的立場を明確に表現しているものと考えられる。というのは、手記の内容は、三木のほかの著作の内容や思索の展開と矛盾するものではないからである。事実、拘留される少し前に三木は、マルクス主義だけでは解決できない宗教上の問題があると次のように論じていた。人間存在の根幹には「宗教的要求」があり、宗教の問題は、「階級なき搾取なき社会の到来と共になくなるやうなものではない」(三木⑬八)と述べている。このような宗教への姿勢を展開させる仕方で、三木は親鸞研究にとりかかったのである。

2 遺稿「親鸞」

三木がその早すぎる死を迎えた後には、親鸞に関する、二〇〇字詰原稿用紙で二八四枚のメモ書きが残されていた。現在、霞城館に保管されている遺稿「親鸞」である。この遺稿の執筆時の三木の状況をうかがわせる書簡が残っている。一九四四年六月六日付、創元社伊澤幸平宛書簡である。この書簡で三木は、このごろ親鸞について書いていることを述べ、あわせて弘文堂から出た親鸞関係の著作の入手を依頼している。三木が依頼した著作は、武内義範著『教行信証の哲学』であった(2)。のちに京都大学の宗教学講座の教授となる武内の著作から、『教行信証』全体を貫く論理を三木は見て取ったのである。しかも、それは武内の提示した論理をたんに踏襲したのではなく、武内の論理をさらに積極的に展開しようとしたものであった。三木が武内の親鸞理解の論理を受け取ったことを示した点はいくつもあるが、ここでは、社会倫理に関する点に的を絞りそれを明らかにしていこう。

三木が武内の著作から展開しようとしたのは、宗教哲学における「絶対」と「相対」との関係であり、仏教において真俗二諦論といわれるものであった。真俗二諦論は、龍樹以来、仏教史においてさまざまな観点から取り上げられてきたが、とりわけ明治以降、真宗教学全体に関わる主題となった。ところが、戦後はそれが国家神道を支え、戦争を遂行する戦時教学の論理になったと批判的に問題とされるようになっていた。実際に、三木の遺稿「親鸞」も真俗二諦論の一つとしてしばしば批判されたのである。

真俗二諦論が戦時教学と結びついたことはたしかだが、真俗二諦論そのものは大乗仏教の展開とともにあり、それ自体が間違っているというわけではない(3)。そもそも真俗二諦論は、「真諦」と「世俗諦」の二つの関係を論じるものである。「真諦」とは「第一義諦」「勝義諦」ともいい、「出世間の真理」を意味する。武内義範はそれをヘーゲルのいう「われわれ（哲学者、絶対知）に対して」に対応すると捉える。他方、「世俗諦」とは、「仏の正覚について仮に説かれたもの」であり、ヘーゲルが述べた「意識に対して」に相当する「相対知」だとする。「真諦」と「世俗諦」は動的・有機的に連関しなければならない。すなわち、一方で勝義諦の光は、世俗諦の行く道を照らしこれを導き引き上げてこそ、勝義諦としての意義を初めて完了するのであり、他方で、世俗諦はそこから勝義諦への通路が施設されることによってその意義をまっとうすると武内はいうのである。

単に相対と対立する絶対は、この対立のゆえに相対に堕し、絶対としての真の空用を発揮することができないからである。ゆえに龍樹においても、絶対知（勝義諦・第一義諦）を相対知（世俗諦）と媒介せねばならないことが強調せられた。龍樹の因施設といい仮というものはこのような勝義諦が、世俗諦に廻向遍照せられ、勝義諦が自己の世俗諦において「知らしめ」「顕し出して」いくことであるという。龍樹が因施設によって十二支縁起や六波羅蜜を考えているとすれば、この十二支縁起が生死老病の人間の現存在を無明の実存的深淵にまで掘り下げて自覚し、自覚によって解脱していく過程であり、六波羅蜜が般若波羅蜜（絶対知―到彼岸知）に達する六段階であるがゆえに、因施設とは宗教的精神の自己内化の過程であることは明らかであろう。因施設、仮（名）が以上のような意義であるとすれば、そこでは廻向遍照せられた勝義諦の光が、世俗諦の行く道を照らし示しこれを導き引き上げつつあることは明らかなことがらである。そしてこのような勝義諦がヘーゲルにおいては、「われわれ（哲学者、絶対知）に対して」と呼ばれ、世俗諦が「意識に対して」と呼ばれている。しかしてこの世俗諦より勝義諦への通路が施設せらることによって、勝義諦も勝義諦としての意義を初めて完了する。[4]

世俗諦と勝義諦をこのように捉えた武内は、『教行信証』の前五巻「浄土真実」の巻をヘーゲルの「論理学」に、「方便化身土」に関わる最後の一巻を「精神現象学」に対応させている。ところが、武内はその著作では、自身の着想をいまだ十全に展開してはいない。「方便化身土」の巻を主題にして、回心の問題を論じることを専らにしたからである。これに対して、三木は武内の着想に啓発され、さらにそれを拡大し、宗教的真理と社会生活とのあるべき関係を『教行信証』の中に読み解こうとした。そして、実践的で倫理的な宗教の姿を提示しようとした。三木は、「浄土真実」と歴史的現実との関係を読み取ろうし、信心に立脚した「社会的生活」までをも最終的に論じるのである。次の文には、三木の関心がよく表れている。「美的な観照も哲学的な観想も観想として非実践的である。これに対して親鸞の思想はむしろ倫理的であり、実践的である。浄土真宗を非倫理的なものの如く考へるのは全くの誤解である」（三木⑱四二九）。

親鸞が人間の悪について透徹した思索を展開していることはよく知られている。三木は、その親鸞の悪の自覚が、『教行信証』において歴史性と関連させていることを示していく。一般に仏教は、キリスト教に比して歴史的な現実への関わりが弱いとされる。キリスト教は、ユダヤ民族が経験した歴史を前提に、歴史上に実在したイエスを核として成立した。それに比すると、仏教には歴史的な現実への関わりが弱く、そのため社会的な実践の原理が見出しにくいとされるのである。ところが、三木は、人間の絶対的悪の自覚に、歴史性を介在させ、現実的・相対的「悪」と「善」への連関を見いだそうとする。三木の言葉を用いれば、親鸞の絶対的な悪理解を正像末の歴史観と結びつけることで、相対的善悪の自覚の問題に連関させるのである。

正像末の歴史観では、釈迦死後すぐの時期の「正法」の時代には、その「教」えも教えを実行する「行」も、その結果である悟りという「証」も正しく備わっている。ところが、末法の時代は「教」だけは残るが、修行して悟りを開くことはできなくなるとされる。そのため正像末の歴史観に立脚する親鸞には、戒を守ることができないという「無戒」の思想が生じたのである。しかし、「無戒」の自覚には正法の再現が伴わねばならない。「無戒」という思想は、「破戒」とは違い、直接に善を否定し、そのような形で善に向き合うものではない。しかし、「無戒」という仕方において、「戒」の不在が示され、「戒」の痕跡のようなものが喚起される。末法たる現在において悪を悪として了解するには、その標準・基準となるものが必要だが、そのような標準・基準が痕跡という仕方で歴史的意識を伴いつつ呼び起こされる論理を、親鸞は展開しているのである。三木はそれを次のように表現する。

無戒はいかにして自覚的になるのであるか。無戒の根拠を自覚することによつてである。しかるにこの根拠は正像末の歴史観にほかならない。無戒といふ状態の成立の根拠は末法時であるといふことである。しかるに末法の自覚は必然的に正法時の自覚を喚び起す。これによつて正像末の歴史観が成立する。そして正法時の回想は自己が末法に属する悲しさをいよいよ深く自覚させるのである。無戒は破戒以下であるといふこと、破戒の極限であるといふことが自覚される（三木⑱四五四～四五五）。

この無戒の思想に、三木は『教行信証』の「浄土真実」から世俗諦への関わりを見出すのである。無戒の思想は、当代は末法であり、戒が成立しない時代であるという「正像末の史観」によって成り立っている。釈迦死後の時代によって教説の受け取り方が変化するというのは、相対的な思考方法であり、そのことは無戒の思想は相対知の次元に結びつくことを意味する。真俗二諦論に対して戦後に批判が高まったのは、そこから導きだされた世俗倫理がときの為政者が望む倫理に追従することになったからである。戦前においては、帝国憲法や教育勅語を遵守することが俗諦の規定の実際上の中身となっていた。しかし、真宗において本来の俗諦はたんなる世俗生活の法則が問題となるのではなく、真宗の念仏者がいかに歴史的現実に向き合うかを問うことである。三木は、そもそも親鸞の真俗二諦論の使用法からしても、歴史的現実と結びつけて理解しなければならないと述べている。親鸞の眞俗二諦の教義は、末法思想に關係して、「その根源において時代の自覺に從ひ、歴史的意識に基いて理解さるべきものなのである」(三木⑱四九〇)。

三木の観点からすると、念仏者に対して、どのような人間観・世界観・生命観の方向性を規定するかが問われなければならない。三木は、無戒の思想から念仏の絶対性が出ることと、そして社会生活における平等の原理も導けることを次のように述べている。「無戒といふことは諸善萬行の力を奪ふものであり、そして積極的には念佛一行の絶對性、念佛の同一性、平等性を現はすものである。念佛はあらゆる人において同一であり平等である。念佛の行者はたがひに「御同朋御同行」である。かかる御同朋御同行主義は淨土眞宗の本質的な特徴であり、そしてそこに信者の社會的生活における態度の根本がなければならぬ」(三木⑱四九一)。

遺稿「親鸞」には、帝国憲法や教育勅語を疑問視するような論述はない。かえって儒教で説く「仁・義・礼・智・信」という伝統的徳目が仏法から出てくると説明されている。しかし、ここで導きだされた「平等性」は、天皇制や華族制の是非について論じる基盤となりうるものである。三木はそのような是非について触れることはなかったが、三木の親鸞理解には明確に社会批判・宗教批判の要素も含まれている。それは親鸞の偶像批判や迷信批判を三木が強調するところに見て取れる。親鸞は、吉凶禍福に心を迷わし、卜占にとらわれることを批判し、迷信を廃すべきとした。このように自然主義的な宗教を否定することから、国家神道批判への可能性を読み取ることもできるであろう。ただし、三木はさしあたり、迷信を信じる人間が人間以下のものに仕えることが問題であることを強調している。「偶像崇拝や庶物崇拝は人間が人間以下の邪神や自然物の奴隷となることであり、全くの邪道である」（三木⑱四九八〜四九九）。

迷信批判をする親鸞の思想をもとに、三木は絶対的真理である真諦に立脚することの必要を改めて強調する。宗教批判の立脚点を剔出することで、絶対的真理の必要性を説く。そして、さらにここから親鸞においても浄土真実に立脚することで俗諦の規定に触れることができると三木は論じている。「我々にとつて何よりも必要なことは先づこの絶對的眞理を把捉することである。しかもこれはただ超越によつて捉へられることができる。信とはかくの如き超越を意味してゐる。相對的眞理から絶對的眞理へは非連續的である。これに反して絶對的眞理から相對的眞理へは連續的である。前者は後者の根據としてこれを含むことができる……中略……佛法があるによつて世間の道も出てくるのである」（三木⑱五〇〇）。

若き三木は、手稿「語られざる哲学」で「よき生活を可能ならしめる」ためには、「絶対者の存在」

が必要であると考えた。その後、社会哲学や歴史哲学の研究を推し進め、あるべき社会倫理のあり方を模索した。そして、その早い晩年に親鸞の説く絶対的真理をもとに成り立つ社会倫理の構築を目指したのである。遺稿「親鸞」で三木が展開しようとした倫理は、現在の日本の倫理観からみれば不十分な点がある。それゆえ、戦時中の真俗二諦論の一つとして非難されてきたことも理由なきことではない。しかし、三木は三木なりの歴史的意識に基づき、時代精神の自覚を深めながら、「よき生活を可能ならしめる」ため、あるべき社会倫理のあり方を探求しようとしたのはたしかである。おそらく、もう数年でも三木が生きることができれば、新たな民主主義国家の中での社会倫理について積極的に発言をしたと推測される。さらにもし現在に生きているならば、戦争や核問題のみならず、生命倫理の問題ついても三木なりの歴史意識にもとづき論及するのではなかろうか。

三木における哲学は宗教を求めるが、それは宗教に依存して終わるというものではない。ときに現存する宗教を批判するものである。そして、その宗教的真理と現実の社会倫理とを媒介するところに、なにより哲学の本領を三木は見るのである。三木の遺稿「親鸞」は、残念ながら未完に終わっているが、三木の探究しようとした問題はいまなお重要な問いとして、現代の私たちに問うているように思われるのである。

註

（1）以下の論述の詳細は、拙著『近代仏教と青年　近角常観とその時代』（岩波書店、二〇一四年）第十二章参照。三木清からの引用は、『三木清全集』（全二〇巻）（岩波書店、一九六六～一九六八年、一九八六年）による。本全集からの引用は、巻数と頁数を本文中に記す。

（2）伊澤幸平宛書簡と武内義範の著作の関係については、室井美千博氏から示唆をえた。

（3）真俗二諦と真宗教義との関係については、梯實圓『真俗二諦』（本願寺出版、一九八八年）が簡明である。

（4）『武内義範著作集　第一巻』（法藏館、一九九九年）六二一～六三三頁。

あとがき――三木清逍遥

三木清研究会事務局長　室井美千博

「三木清」の名を最初に知ったのはいつだったか。

生まれ育った地が同じ播磨地域の一隅であるといっても、揖保川も挟んで五キロメートルばかり離れている。幼い頃からいつの間にか聞き覚えたということではない。

また、三木清が卒業した旧制龍野中学校を前身とする龍野高等学校に入学すると、当然のようにその名を聞くことにもなるが、入学してからというわけでもなさそうに思える。それというのも発行年月が「昭和三九年八月」と記された「三木清先生哲学碑建設趣意書」がわが家にあって、その年月は私が龍野高等学校に入学する前年の夏だからである。

当時、このような趣意書がわが家に入ってくるのは、龍野高等学校で配付された趣意書を生徒であった二歳上の姉が持ち帰ったということしかない。だが、ほんとにそうであったのかどうかは定かではなく、あえてそうであったとしていえば、これが私の「三木清」の名の見始めということになるだろう。

ところで、この趣意書には、発起人の一人として三木清の会会長鈴木昭吾氏の名前がある。三木清の会は、一九五二（昭和二七）年以来三木清の命日前後に追憶し、顕彰する集会をいろんな会の名称で行っていたのを、一九六三（昭和三八）年一〇月に名称を改め組織化を図って設立されたものであり、その際にこの哲学碑が発案されたのだという（鈴木昭吾「三木清の会と哲学碑のこと」三木⑤月報）。

なお、この趣意書がめざした哲学碑は、大内兵衛、羽仁五郎、東畑精一、阿部知二、小林勇らの推薦による「しんじつの秋の日てればせんねんに心をこめて歩まざらめや」が刻まれ、白鷺山中腹に建立されて、この年の一一月三日に除幕式が行われている。

また、これから後のこと——一九七一（昭和四六）年、大学四年生の夏——になるが、私はこの三木清の会の会長として名前があった鈴木昭吾牧師（日本キリスト教団龍野教会）や会の中心的存在であった藤元正樹師（真宗大谷派円徳寺住職）を訪問している。三木清の「親鸞」について鈴木牧師が「三木の哲学は真宗的煩悩と救済との間の振幅、『親鸞』を書いた後に何が出てきたか。その問題への取り組みが三木のライフワークになったのではないか」と話されたことはメモに残り、藤元師においては「あれはエッセイ」と言われたことに「えっ、エッセイですか」と聞き直したことは——今にして思えば、真宗教学の立場からすれば、切り口が異なるということであろうか——記憶にはっきり残っている。

そして、この三木清の会とは、当時もその後もその活動においての関わりを全くもたなかったが、時を経て思いがけない形で出会うことになる。

いつのころからか、三木清の会の活動は停止していたが、一九九四（平成六）年の年末、三木清の会の解散に際して残った会費の提供を私が受けることになったのであり、その最後の会長は藤元正樹師であった。そして提供いただいた三木清の会の「遺産」は三木清関係資料の蒐集資金となり、さらに後年の資料集成（『三木清研究資料集成』（二〇一八 クレス出版））として、そのすべてがではないにしても、継承されることになったのである。

ところで、一九六六（昭和四一）年一〇月、岩波書店から『三木清全集』（第一次・全一九巻）の刊行が始まった。私の高校二年の秋であり、ほぼ高校時代の後半を通して刊行されたことになる。

刊行と同時ではなく、やや遅れてその購入を始めたが、しかし『全集』を購入し始めたからといって──また、文庫本の『人生論ノート』はすでに持ってはいたが──熱心な読者であったわけではない。

ただ、高校二年から三年にかけての春であったか、「社会をこのように鮮やかに見て取ることができるのか」という強い印象を持った一篇に出会った。それが何であったか、それだけ印象的なものであったにもかかわらず確かでないのは情けないが、当時の状況からすれば、どうやら「人間の条件について」（『人生論ノート』）のようである。そこで指摘されている、現代社会における無名性や無定形なあり方は、現在の状況そのものであろう（三木①二五八）。

その当時の印象の当否はともかく、「社会をこのように見ることができる眼がほしい」と思ったのが三木清への出発点といえるかもしれない。

このような社会を見る眼、社会のあり方への関心は三木清の思索の性格を示すものであろう。三木清は、時評というものをあまり書きたくないが、社会の現実に触れると筆をとらなければならない気になるともいう（「政治の貧困」三木⑮三六一）。

社会は人間によって作られつつ、また人間を作りつつあるものとして、人間の「現実」である。三木清はこの現実に、止むに止まれぬ心情と責任感をもって向き合い、その思索は歴史的社会的存在論として展開する。

しかし人間の現実はこれだけではない。三木清は、人間はどこから来てどこへ行くのか、行き着く所は死であるというにせよ、それが何であるかは不確かなものである（「旅について」『人生論ノート』三木①三四六～三四七）という。人間においては、人間の存在そのものが闇である。この闇を見る眼もまた、三木清の思索を導くものであり、そしてこのような闇への眼が私にとっては近しいものに感じられた。

幼いころに二歳の弟と三〇歳になったばかりの叔父が続けて亡くなり、なぜか叔父の場合は、いつの間にかいなくなった感じであった。「どこへ行った？」と尋ねたら、「西の方へ」と母が言ったことを、これはもう少し後になってからのことだったかもしれないが、憶えている。このような記憶ゆえなのか、小学校に入って掛け算を覚えたころ、三六五に八〇を掛けてみたり、さらにそれに二四を掛けてみたりしたことがある。そしてそれがそんなに大きな数字にならないこと――長生きしたとしても、どれだけ生きられる日があるのか、時間があるのか――に何となくの恐さを感じたものである。

人間存在の闇を見る眼は、三木清においては宗教とりわけ親鸞を見つめる眼でもある。その眼に見える世界がどのようなものか、まだまだ視界は開けていないが、私なりの試みが「三木清の宗教性――その思想の根底にあるものとして――」（『遺産としての三木清』二〇〇八、同時代社）であった。その一端を「三木清における死と無の問題」と題して、藤田正勝先生主宰の「日本哲学史フォーラム」（二〇〇八年、京都大学）で発表させていただいたことは文字どおり有り難いことであり、感謝の念とともに付言しておきたい。

姫路に「阿部知二研究会」という団体がある。小説「冬の宿」や訳書「白鯨」（メルヴィル）で知られる阿部知二は、三木清を主人公にした小説「捕囚」が絶筆となった（『文芸』一九七一（昭和四六）年八月～一九七三（昭和四八）年五月）。

その「阿部知二研究会」が一九九五（平成七）年四月、「捕囚」に因んで龍野を訪問、そこに招かれて「阿部知二『捕囚』と三木清」と題して、極めて冷や汗ものの話をしたことから、事務局長の森本穫氏（賢明女子短期大学教授）に勧められて入会することになった。そしてそこで出会い、数年して、三木清についての会の設立を強く説かれたのが、これもまた姫路に拠点をおく「椎名麟三を語る会」の事務局長柴田光明氏であった。

地元龍野の有志に、これら二つの会に所属する一部の人たちが加わって、会の設立に向けて動き始めたのが一九九九（平成一一）年二月であり、そして「三木清研究会」は、一九九九（平成一一）年五月二二日、龍野経済交流センターにおける設立総会をもって発足した（会長・濱田義文 法政大学名誉教授、副会長・苗村樹 郷土文学資料館「霞城館」館長。現在は会長・田中久文日本女子大学教授、副会長・菅沢龍文法政大学教授）。したがって「三木清研究会」はこのような姫路・龍野における「研究会」の交流から生まれたともいえよう。

ちょうど同じころの二〇〇〇（平成一二）年七月からは、前述の「日本哲学史フォーラム」が京都大学で開催されることになり、同じ年の一〇月には名古屋哲学研究会・雑誌『共同探求通信』共催による「シンポジウム　三木清」が名古屋で行われた。この二つの集いに、懇親会を含めて参加することができたことは、実に有り難いことであった。さらに翌年の二〇〇一（平成一三）年からは石川県宇ノ気の夏期哲学講座（一九八一（昭和五六）年から続く三泊四日の講座）にしばらく続けて参加することができたことも同様であり、これらの機会に出会い、そのご縁によって三木清研究会公開講演にご来講いただいた先生方は少なくない。ちなみに公開講演の講師・演題は次のとおりである（敬称略・（　）内は当時の所属）。

一九九九（平成一一）年度　濱田義文（法政大学名誉教授）「市民的哲学者としての三木清」
二〇〇〇（平成一二）年度　赤松常弘（信州大学）「三木清の思想とその現代的意義」
二〇〇一（平成一三）年度　津田雅夫（岐阜大学）「三木清と宗教」
二〇〇二（平成一四）年度　服部健二（立命館大学）「三木清との対話、時代状況と三木の死に触発されて」

二〇〇三（平成一五）年度　平子友長（一橋大学）「三木清と日本のフィリピン占領」
二〇〇四（平成一六）年度　田中久文（日本大学）「三木清の親鸞論――超越への構想力――」
二〇〇五（平成一七）年度　鈴木正（名古屋経済大学）「三木清の東亜協同体論――尾崎秀実との対比で――」
二〇〇六（平成一八）年度　清眞人（近畿大学）「三木清のパトス論、その意義と問題性」
二〇〇七（平成一九）年度　嘉指信雄（神戸大学）「三木清と〝ハイデッガーの子どもたち〟――哲学と戦争の時代――」
二〇〇八（平成二〇）年度　内田弘（専修大学）「三木清の思想的特徴」
二〇〇九（平成二一）年度　平子友長（一橋大学）「哲学の外に出る哲学の可能性――三木清を切り口として」
二〇一〇（平成二二）年度　永野基綱（和歌山大学）「三木清、時代の夢」
二〇一一（平成二三）年度　津田雅夫（岐阜大学）「三木清と和辻哲郎――『情』をめぐって――」
二〇一二（平成二四）年度　森下直貴（浜松医科大学）「最後の三木哲学――『日本哲学』の可能性へ向けて――」
二〇一三（平成二五）年度　吉田傑俊（法政大学名誉教授）「三木清の反ファシズム論について」
二〇一四（平成二六）年度　菅原　潤（長崎大学）「二つの『哲学的人間学』の行方――三木清と高山

岩男――」

二〇一五（平成二七）年度　岩田文昭（大阪教育大学）「三木清の哲学と宗教」

二〇一六（平成二八）年度　宮島光志（富山大学）「三木清と“milieu”の哲学――レトリック的思考の展開を辿る――」

二〇一七（平成二九）年度　秋富克哉（京都工芸繊維大学）「三木清、『形』の哲学――アリストテレスと西田の間で」

二〇一八（平成三〇）年度　岸見一郎「幸福について――三木清『人生論ノート』を読む――」

「三木清研究会」の歩みも二〇年を経た。この二〇年間の知の集積が本書にほかならない。ただ、この二〇年間の知の集積の厚みはそのままでは一書に収まらず、講師の先生方に講演原稿より字数を少なくした書き下ろしをお願いした。種々の事情でご辞退もあったが、身勝手な依頼にもかかわらず、多くの先生方にご執筆いただいた。厚くお礼を申し上げたい。

また、藤田正勝先生には出版にかかるご相談のみならず、編者として、さらには巻頭論文の執筆者としても参画していただき、何とお礼を申し上げるべきであろうか。昭和堂編集部の鈴木了市氏には企画当初からお世話になり煩瑣な編集作業を進めていただいたことに感謝のほかはない。

現代を生きる私たちは三木清から、まだまだ多くを学ぶことができるであろう。そのことを本書から読み取っていただき、本書が石碑とは異なった趣きの「哲学碑」となれば幸いである。

岸見一郎（きしみ　いちろう）

1956 年生まれ。哲学者。主な著書に、『三木清「人生論ノート」を読む』白澤社 2016 年、『嫌われる勇気 自己啓発の源流「アドラー」の教え』（共著）、ダイヤモンド社、2013 年など。

内田　弘（うちだ　ひろし）

1939 年生まれ。専修大学大学名誉教授。主な著書に『三木清——個性者の構想力』御茶の水書房、2004 年、『資本論のシンメトリー』社会評論社、2015 年など。

鈴木　正（すずき　ただし）

1928 年生まれ。名古屋経済大学名誉教授。主な著書に、『戦後思想史の探究　思想家論集』平凡社、2013 年、『九条と一条 平和主義と普遍的妥協の精神』農山漁村文化協会、2009 年など。

吉田傑俊（よしだ　まさとし）

1940 年生まれ。法政大学名誉教授。主な著書に、『「京都学派」の哲学　西田・三木・戸坂を中心に』大月書店、2011 年、『象徴天皇制考　その現在・成立・将来』本の泉社、2018 年など。

岩田文昭（いわた　ふみあき）

1958 年生まれ。大阪教育大学教授。主な著書に『近代仏教と青年　近角常観とその時代』岩波書店、2014 年、『フランス・スピリチュアリスムの宗教哲学』創文社、2001 年など。

◆執筆者紹介（掲載潤）

永野基綱（ながの　もとつな）

1936 年生まれ。和歌山大学名誉教授。主な著書に、『三木清――人と思想』清水書院、2009 年（新装版、2015 年）など。

濱田義文（はまだ　よしふみ）

1922 年生まれ。2004 年歿。法政大学名誉教授。主な著書に、『和辻哲郎の思想と学問に関する基礎的研究』（科学研究費補助金・研究成果報告書、研究代表）、1993 年、『カント哲学の諸相』法政大学出版局、1994 年など。

平子友長（たいらこ　ともなが）

1951 年生まれ。一橋大学名誉教授。主な著書に、『遺産としての三木清』（共著）同時代社、2008 年、『資本主義を超える マルクス理論入門』（共編）大月書店、2016 年など。

宮島光志（みやじま　みつし）

1958 年生まれ。富山大学教授。主な著書に、『三木清研究資料集成』（全 6 巻）、（共編・解説）クレス出版、2018 年、カント著『自然地理学』（翻訳）（カント全集第 16 巻）岩波書店、2001 年など。

清　眞人（きよし　まひと）

1949 年生まれ。元近畿大学文芸学部教授。主な著書に、『遺産としての三木清』（共著）同時代社、2008 年、『ドストエフスキーとキリスト教――イエス主義・大地信仰・社会主義』藤原書店、2016 年、『フロムと神秘主義』藤原書店、2018 年など。

秋富克哉（あきとみ　かつや）

1962 年生まれ。京都工芸繊維大学教授。主な著書に、『芸術と技術 ハイデッガーの問い』創文社、2005 年、『ハイデガー読本』（共編）法政大学出版局、2014 年、など。

森下直貴（もりした　なおき）

1953 年生まれ。浜松医科大学名誉教授、老成学研究所所長。主な著書に、『生命と科学技術の倫理学』（編著）丸善出版、2016 年、『健康への欲望と〈安らぎ〉――ウェルビカミングの哲学』青木書店、2003 年など。

嘉指信雄（かざし　のぶお）

1953 年生まれ。神戸大学名誉教授。大連理工大学哲学科・客員教授。主な著書に、『西田哲学選集／第五巻・歴史哲学』（編・解説）燈影舎、1998 年、『終わらないイラク戦争――フクシマから問い直す』（共編著）勉誠出版、2013 年など。

菅原　潤（すがわら　じゅん）

1963 年生まれ。日本大学工学部教授。主な著書に、『「近代の超克」再考』晃洋書房、2011 年、『京都学派』講談社現代新書、2018 年など。

◆編者紹介

田中久文（たなか　きゅうぶん）

1952年生まれ。日本女子大学教授。主な著書に、『九鬼周造 偶然と自然』ぺりかん社、1992年、『日本の「哲学」を読み解く』ちくま新書 2000年（『日本の哲学をよむ』ちくま学芸文庫、2015年）など。

藤田正勝（ふじた　まさかつ）

1949年生まれ。京都大学名誉教授。主な著書に、『哲学のヒント』岩波新書、2013年、『日本哲学史』昭和堂、2018年など。

室井美千博（むろい　みちひろ）

1949年生まれ。三木清研究会事務局長。著書に『三木清研究資料集成』（全6巻）、（共編・解説）クレス出版、2018年、『遺産としての三木清』（共著）同時代社、2008年、『三木清の生涯と思想』（編著）霞城館、1998年など。

再考 三木清――現代への問いとして

2019年7月30日　初版第1刷発行

編　者　田中久文
藤田正勝
室井美千博

発行者　杉田啓三

〒607-8494　京都市山科区日ノ岡堤谷町3－1

発行所　株式会社　昭和堂

振替口座　01060-5-9347

TEL（075）502-7500/ FAX（075）502-7501

印刷　亜細亜印刷

ISBN978-4-8122-1831-0

＊落丁本・乱丁本はお取り替えいたします

Printed in Japan